廃線めぐり旅

旅鉄BOOKS編集部

イカロス出版

廃線めぐり旅／目次

※本書は本書は、株式会社天夢人が2021年10月19日に刊行した旅鉄BOOKS019『廃線探訪入門』と『旅と鉄道』2023年7月号を再編集したものです。一部写真ならびに文章において、現在と景観や状況が変化しているスポットがありますのでご留意ください。

今はもう使われなくなった線路をめぐる“廃線めぐり”。

「興味があるけれど、どんなところが魅力なの？」「どんなところが楽しいの？」

という“廃線初心者”の方のために、廃線のイロハを伝授しよう。

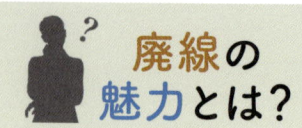

廃線の魅力とは？

Q 廃線って歩きづらくないの？

A 整備されて歩きやすい廃線も！

線路の跡が道路やサイクリングロード、歩道として整備されたところは歩きやすく、道路端に鉄道時代の痕跡を探すのも楽しい。ただし山中の廃線などは草木が生い茂り歩きづらいため事前の準備を。

高畠鉄道・山形交通高畠線の跡地を整備した遊歩道「まほろばの緑道」。サイクリングや森林浴が楽しめる

Q 廃線歩きでないとできないことってあるの？

A 列車が走っていた線路を歩ける！

廃線歩きのだいご味は、何といっても「線路があった場所を歩くことができる」こと。現役の路線では歩くことができない、トンネル歩きを楽しむこともできる。

JR福知山線廃線敷はハイキングコースとして一般開放されている。鉄道遺構が現役当時とほとんど変わらない姿で残っている

Q 廃線めぐりってどんなところが楽しいの？

A 遺構の発見と線路跡の変化！

廃線を歩いてみると、橋やトンネルなどの遺構の発見、道路として整備されたところなど鉄道の痕跡を感じさせるひとつひとつの発見が楽しく、感動できる。

篠ノ井線廃線跡。線路は撤去されウォーキングコースとなっており、れんが積みの漆久保トンネルなどを歩くことができる

Q 廃線って同じ風景が続いて地味じゃないの？

A 廃線ならではの絶景が待っている！

廃線となった地域は自然が豊かなところも多く、独特の雰囲気を醸し出し、廃線の絶景を生み出している。街中に残る廃線として有名なみなとみらいでは夜景のライトアップも美しい。

横浜みなとみらい地区にはには東海道本線貨物支線の横浜臨港線廃線跡があり、夜はライトアップされている

廃線めぐりの魅力とは？

廃線めぐりって どんなところが楽しいの？

Q 廃線めぐりに欠かせないものって？

A 電池切れになった場合も考慮しよう！

スマートフォンがあれば、電話・時計・地図と一台で何役もこなしてくれる。だが万一の充電切れや故障に備えてモバイルバッテリーは必ず持ち歩こう。廃線跡は電波の届かない場所もあるため紙の地図も忘れずに。

電話・時計・地図・カメラ・メモ帳と一台で何役もこなすスマートフォンだが、電池切れには気を付けておきたい

Q 廃線歩きの移動手段のおすすめは？

A 公共交通機関やレンタサイクルを活用しよう！

現地までは公共交通機関、現地からは徒歩の場合が多い廃線歩き。しかし廃線によっては距離が長く、体力に自信のない人は事前に歩ける距離か確認しよう。レンタサイクルを貸し出している廃線もある。

散歩道やサイクリングロードに整備された廃線跡では近隣の観光協会などが有料のレンタサイクルを貸し出しているところも

Q どうやって廃線めぐりをすればいいかわからない…

A まずは自宅で散策しよう！

気になる廃線を見つけたら、「Googleストリートビュー」で事前に周囲を散策してみよう。気になる遺構があれば位置をメモしておいて、廃線めぐりに行った際に見つけることも楽しい。

気になる廃線の名前を「Googleストリートビュー」で検索してみよう。廃線によっては線路跡や遺構がはっきりと映っている

Q 廃線めぐりはどんな服装でいけばいいの？

A 廃線の場所によって臨機応変に！

整備された廃線めぐりであれば動きやすい服装で十分だが、山中の廃線めぐりの場合は山歩きに適した服装で。急な天候の変化にも対応できるよう、夏でも上着を持参することをおススメする。

「荷物が増えるから」と軽装で行くことは避けてたい。急な雨風に備え、ウインドブレーカーや合羽があると安心だ

廃線分類チャート

廃線跡といっても状況によりさまざまな種類がある。ここに大分類してみたが、
本書では「旅に出たい廃線」「身近な廃線」を中心に、
廃線探訪のビギナーでも訪れやすく楽しめるスポットを多数掲載している。

駅舎が保存されている

現役時、地元住民が集まる場所であった駅は、廃線後に観光施設や記念館、各種店舗に転用し役割を変えながら保存、活用しているスポットも多い。駅舎が現存しなくてもホームや駅名板が残されていることもある。

国鉄鍛冶屋線・鍛冶屋駅跡
(兵庫県多可町)

廃線テーマパーク

レールを利用したトロッコやレールバイク、動態保存された車両などを目玉として、廃線を軸とした“鉄道テーマパーク”が全国で増えている。鉄道事業者だけでなく自治体も連携、廃線を観光資源として“再生”、し成功をおさめている例も多い。

小坂レールパーク
(秋田県小坂町)

トンネルが施設化

見た目にも迫力ある廃線の遺構としてトンネルを有効活用したケースもある。例えば年間を通じて気温･湿度が一定のトンネル内はワインカーヴや日本酒の貯蔵庫にも適し、ほかにもキノコ栽培施設などに転用している例もある。

旅に出たい廃線

整備・観光地化している

身近な廃線

つくば霞ヶ浦りんりんロード
(茨城県桜川市～土浦市)

公園・モニュメント

廃線跡を公園や緑地帯として残し、地域住民の憩いの場として活用している例は多い。公園などに転じた場合、公園の片隅に駅名標やレール、枕木を使ったモニュメントが立てられていることも。鉄道の歴史や廃線への経緯を記した解説板などは、見逃さずにチェックしたい。

遊歩道・サイクリングロード

地元自治体が廃線跡を残して活用する場合、もっとも多いのが遊歩道やサイクリングロード化だ。ウォーキングやサイクリングを楽しむ人向けに、パンフレットをつくっている自治体も多いので訪れる前にチェックしよう。

生活道路化

遊歩道のような表示や解説板は見られないが、廃線跡がそのまま歩道として生活の中にとけ込んでいるケース。緑道や歩行者専用道路となっている場合は、自動車事故の心配も少ないので、散策には最適だ。

国鉄下河原線跡
(東京都府中市)

分類チャートの見かた

縦軸となる茶色の矢印は、現役時の痕跡や面影の残存度を示す。上部に行くほど残存度が高い。横軸となる青色の矢印は、整備や観光地化の度合いを示し、右側に行くほど整備が進んでいるスポットとなる。チャートの右上に近くなるほど、見どころも多く幅広い層に人気のスポットが多くなる。

現役時の痕跡・面影を多く残す

廃線時のままの状態

廃線から間もない状況などで、廃線跡をどう活用するかを決定していない期間、レールや枕木などがそのままに放置されているケース。まったく未整備のため危険箇所も多く、立ち入り禁止の場所もある。見学が許可されている場合のみ探訪を楽しもう。

可部線跡（広島県広島市）

東横フラワー緑道・
高島山トンネル
（神奈川県横浜市）

トンネルが遊歩道化

もともと山や丘をうがち、鉄道が短絡ルートを進むために掘られたトンネルを、廃線後も遊歩道として整備しているケース。トンネル内部の構造など、現役当時をしのびながら鉄道の歴史に想いを馳せながら通行したい。

上級廃線

整備・観光地化していない

道路・バス専用道になっている

道路転用は廃線後の“第二の人生”として多く見られる。なかには鉄道の代わりに路線が策定されたバスの専用道になることも。その場合廃線前に使われていた駅名がそのままバス停になっていることもある。

国鉄白棚線跡の専用道を
走る路線バス（福島県白河市）

廃線の痕跡がまったくない

都市部などで廃線後、ある一定期間を経て大規模な区画整理などが行われた場合、廃線の痕跡が消えてしまうことが多い。鉄道の線形そのものが跡形もなく消えてしまうので、地元の人々の記憶も日々薄れていってしまう。

失われた廃線

現役時の痕跡・面影が残っていない

廃線の楽しみ方

現役の鉄道に乗りに行く旅は、一種“乗りつぶし”的な側面があって収集欲が満たされる。観光列車に乗って人気の観光スポットを回る旅ももちろん楽しいが、時には人々の記憶から消えていく廃線に目を向けてみよう。廃線を訪れる旅は、その痕跡や記憶を拾い集めながら失われてしまった鉄道を自分の中で呼び戻していく作業に近い。いってみれば、訪れる場所が同じでも旅する人によって感じ方がまったく違う旅。世界にひとつだけの旅に出てみよう。

ベストシーズンは春と秋

廃線探訪に最適な季節は春と秋。雪が溶けて草木が芽吹く春や、秋の紅葉シーズンから雪が降りはじめる前までが、気温、景色ともに廃線跡を歩くにはおすすめだ。夏は夏草におおわれ、虫の害も多く、熱中症などのリスクも高まるので初心者は避けておきたい。

国鉄足尾線旧線・神戸〜沢入間
（群馬県みどり市）

廃線を歩こう、走ろう

分類チャートの項でも解説したが、廃線跡が遊歩道やサイクリングロードになっているケースは多い。無理のない距離、無理のないペースで鉄道が走っていた当時をしのびながら散策やランニング、サイクリングをしてみてはいかがだろう。

地図で探して、現地で探す

新旧の地図を見比べるなどして廃線跡を特定していく作業はとても楽しい。探訪するルートが決まったら、あとは現地で残存しているレールや標識、踏切跡や境界碑等、自分だけの発見に出合いたい。

〝廃線テーマパーク〟へ行ってみる

廃線探訪のビギナーや家族連れでも楽しめるのが〝レールパーク〟などの名称がつく廃線テーマパーク。なかには動態保存されている車両に乗車できたり、車両を利用したトレインホテルに宿泊できたりするところもある。

小坂鉄道レールパーク（秋田県小坂町）

現地の人の話を聞く

廃線跡を歩いていると資料やインターネットによる事前の調査だけではわからないことも多く出てくる。そんな時は廃線跡を散歩している地元の人や近くの商店の人などに挨拶をしてから鉄道が走っていたころの話を尋ねてみては。思わぬ痕跡が見つかったときの感動は何物にも替え難い。

私有地や立ち入り禁止場所には入らない

廃線を訪れる際に守りたいのは私有地や立ち入り禁止場所には絶対に入らないという基本ルール。廃線後、整備されてない箇所には危険も多く、興味本位で近づく事は絶対に控えたい。私有地でなくても痕跡などを見つけた場合は、手を加えたりせずそのままの状態で立ち去ること。

感動を写真に残しておく

現役の鉄道と違って撮影するのが難しい廃線跡。コツは廃線の跡に鉄道らしさが残る大きなカーブや築堤が残っている場所を選ぶこと。川を渡る橋梁の跡なども撮影スポットとなる。廃線と同じルートをたどる路線バスが走ってきたら、鉄道の〝生まれ変わり〟の姿としてぜひ撮影しておきたい。

小坂鉄道・茂内駅跡（秋田県大館市）

第Ⅰ章

廃線歩きに出かけよう

もう使われることのなくなった線路に、
思いをはせる人たちが増えてきている。
整備されたものやそのままの状態で朽ちているものなど
その姿はさまざまだが、訪れる度に新しい発見がある。

崩れゆく美しさがある鉄道橋跡

タウシュベツ川橋梁の〝今〟

かつて蒸気機関車が走り抜けたタウシュベツ川橋梁。
厳しくも壮大な自然の中で今、最晩年の輝きを放っている。
四季を通じて撮影した、朽ちゆく橋梁の〝今〟をお伝えしたい。

撮影・文／岩崎量示

春

気温が氷点下20度を下回る厳寒期を越すごとに、目に見えて橋が細っていく。北海道に遅い春が訪れて空気が緩むと、まるで脱力したように橋から壁がはがれ、岩がこぼれ落ちる。

夏

エゾシカが草を食んでいた。大雪山国立公園に位置するこのエリアはもともと野生動物のすみか。橋が崩れ、人の気配が消えたあとにも、こんな場面は変わらずに繰り返されていく。

秋

東大雪山系のウペペサンケ、ニペソツの両山に見守られるように立つ。橋を映す水面が広がったのは1955年以降のこと。自然と人工物とが不思議な調和を見せる光景ができあがった。

冬

橋の側壁の数カ所に大きな割れ目が走っている。2020年から24年までの5年間に崩落した壁は10カ所。次の冬に、再び同じ姿を保った橋を見られる可能性は、あまり高くないだろう。

タウシュベツ川橋梁　水位の移り変わり

① 4～5月頃 雪解けも終わり最低水位

高さ11mの橋全体を一望できる短い期間。氷雪が消えた後、緑が芽吹くまでは荒涼とした景色が広がる

② 6～7月頃　水位が橋のたもとに

糠平湖の水位が上がり、夏頃に橋脚近くまで達する。水鏡に映る橋影が現れる時期は年により異なる

③ 8～9月頃 半分水没

別名「めがね橋」とも称される所以。アーチが水面に映り込む様子は、風が止む早朝に見られることが多い

④ 10～11月頃 完全に水没

短い秋が終わる頃に橋は水面下へ。ここにコンクリートアーチ橋があるとは想像しがたい、まさに「幻の橋」

⑤ 12月頃 水没したまま結氷

結氷した湖面を破って現れる橋を真上から俯瞰。まだ大部分は氷の下、左側中央にわずかに橋が見える

⑥ 1～2月頃 水位が減少し姿を現す

冬季の糠平湖は1日20㎝ほどの速さで水位が下がる。その過程でときに50㎝を超える厚さの氷が橋を削っていく

期せずして生み出された唯一無二の幻の橋

1937（昭和12）年に建設されたタウシュベツ川橋梁は、かつて旧国士《し》幌《ほろ》鉄線（帯広～十勝三股、87年廃線）に架かる鉄道橋だった。実際に列車がその上を走った期間は短く、55（昭和30）年には水力発電に水を供するダム湖として同地に糠平《ぬかひら》湖が誕生。線路は湖対岸に移設され、橋は水没することになる。しかし、橋は水に沈んだままとはならなかった。電力需要に応じて大きく上下する糠平湖の水位変化により、橋は1年を通じて水没と出現とを繰り返しながら現在に至る。

糠平湖の水位は春先に最も低くなり、雪解け水や雨水の流入によって初夏の頃から徐々に高くなる。満水を迎えるのは秋の終わりだ。こうした水位変動の背景には、北海道ならではの電力需要の推移がある。暖房使用が増える厳寒期に電力需要がピークとなるため、糠平湖でも冬の発電に向けて貯水が進む。そして冬季の発電に湖水が使われることで水位が下がっていく。例えば2022年11月末の最高水位と、23年4月上旬の最低水位を比較すると、その差はおよそ17m。冬の間に1日当た

2023年春の崩落状況

崩落から間もない橋の様子。橋壁がなくなったことで、その内側に詰められていた岩石や土もこぼれ落ちている

壁が落ち、橋脚が細り、それでもまだ面影を保っている。しかし11のアーチを連ねた姿はもう見納めが近そうだ

崩落続くタウシュベツ川橋梁、今後は?

ここ数年、毎年のように「今年で見納め」と言われながら持ち堪えているタウシュベツ川橋梁。雪解けが進む4月に入り、アーチを支える橋脚部分の壁が相次いで3カ所崩落した。これまでは年に1、2カ所が散発的に崩れていた程度なので、コンクリートの劣化は確実に加速しているようだ。強風などのわずかなきっかけでも、さらなる崩落につながる可能性は高い。これから夏にかけて水没していく過程も、橋から目が離せない。

タウシュベツ川橋梁を訪ねる4つの方法

現在、国道からタウシュベツ川橋梁へ向かう林道(片道4キロ)は、ヒグマの出没が相次いだため、徒歩・自転車を含め、通行が規制されています。国道沿いには展望台がありますが、間近まで訪れることができる方法を以下にまとめました。いずれも定員があり、予約制となっています。また、橋の水没状況や天候によりツアーの催行は流動的です。詳細なツアー内容は随時、公式サイト等で事前にご確認下さい。

1 「ひがし大雪自然ガイドセンター」のアーチ橋ツアー

地元ガイドセンターが主催するアーチ橋ツアーに参加すると、タウシュベツ川橋梁だけでなく周辺のコンクリートアーチ橋梁群も合わせて巡ることができる。早朝・午前・午後・夕方の回があるので旅程にも組み込みやすい。

2 地元ぬかびら源泉郷の宿泊施設主催のツアー

タウシュベツ川橋梁にほど近いぬかびら源泉郷には10軒弱の宿泊施設がある。中には東大雪ぬかびらユースホステルのように宿泊者向け橋梁ツアーを独自に催行している宿も。

3 旅行代理店のパッケージツアー

タウシュベツ川橋梁の知名度が上がるにつれ、全国各地から同橋梁を目指すツアーが充実してきた。首都圏や関西からの空港発着ツアーも多くなり、近年選択肢が増えている。

4 上士幌町の「林道ゲート通行鍵予約ページ」でカギを手配する

個人で橋を訪れるなら、現状では唯一の方法。「タウシュベツ　カギ」で検索すると辿り着く公式予約ページで手配し、道の駅かみしほろ にて、1人につき2,000円の協力金を支払って当日にカギを借りる。橋までの林道にはすれ違いが難しい箇所があるので走行には注意が必要だ。

り20㎝前後の速さで水位が下がったことになる。

水に浸かり、凍結し、さらに氷に削られることでコンクリートの劣化が著しく進むタウシュベツ川橋梁。もしも湖に沈むことがなかったなら、これほどコンクリートが傷むはずはなかった。しかし一方で、水面下に沈んでは現れるこの稀《け》有《う》な条件こそが、多くの人々を魅了する光景を生み出したことは間違いないだろう。人知れず長持ちすることと、世間の関心を集めながら儚《はかな》く終わること。意図してどちらかを選ぶことはできないけれど、タウシュベツ川橋梁にとって両者の分岐点となったのは糠平ダムの建設だった。

自然と人為とが織りなすタウシュベツ川橋梁の物語は、橋が崩落することによってもうすぐ完結するのだろうか。それとも、崩れてもなお新しい光景が展開されるのか。通うほどに、撮り続けるほどに奥が深い被写体に違いない。

岩崎量示
いわさき・りょうじ
1979年埼玉県生まれ。立教大学経済学部経営学科卒業後、2005年に北海道へ移住。崩落間近と言われていたタウシュベツ川橋梁を記録するために写真撮影を始める。2018年に写真集『タウシュベツ川橋梁』(北海道新聞社)を上梓、2020年からは橋の近況を共有する記録写真集『タウシュベツ日誌』シリーズの刊行を続けている。
https://www.taushubetsu-journal.com/

糠平湖周辺の 士幌線廃線案内

タウシュベツ川橋梁を訪れるなら、同時代に作られたコンクリートアーチ橋や駅跡にも足を運んでみたい。士幌線の廃線跡に残る朽ち行く遺構の数々。

糠平駅跡

1987年士幌線廃線後に一度は線路が撤去されたが、観光トロッコ用に再び鉄路が整備された。現在トロッコの運行は休止中

第二音更川陸橋

直径10mのアーチを5つ連ねた橋は、士幌線のコンクリートアーチ橋梁群の中では珍しく川をまたがない陸橋となっている

第三音更川橋梁

直径10mのアーチを5つ連ねた橋は、士幌線のコンクリートアーチ橋梁群の中では珍しく川をまたがない陸橋となっている

幌加駅跡

士幌線廃線跡では珍しく、往年の鉄路とホームが残る。ホームは2019年に国の登録有形文化財に指定。レプリカの駅名標は今年4月に強風で倒れた

第四音更川橋梁

1955年に役目を終えて鋼製鈑桁が撤去されたことで、現在は音更川両岸に2連ずつのコンクリートアーチだけが残る

廃線から30年が経ち自然に溶け込む鉄道遺構群

帯広～十勝三股間78・3㎞を結んだ旧国鉄士幌線。帯広から十勝平野を北上する路線は、清水谷から十勝三股にかけて最大25%《パーセント》の急勾配が続き、さながら山岳鉄道の趣があった。の流れを幾度も跨ぐ鉄路には多くのコンクリートアーチ橋が作られ、すでに解体撤去されたものを含めると、その数は50以上。建設当時の記録によれば、風光明媚な国立公園の自然景観に配慮してコンクリートアーチ構造が採用されたという。

廃線に伴って多くの橋梁が撤去されたものの、国の登録有形文化財に指定される第三音更川橋梁をはじめ、

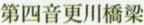

糠平湖周辺廃線MAP

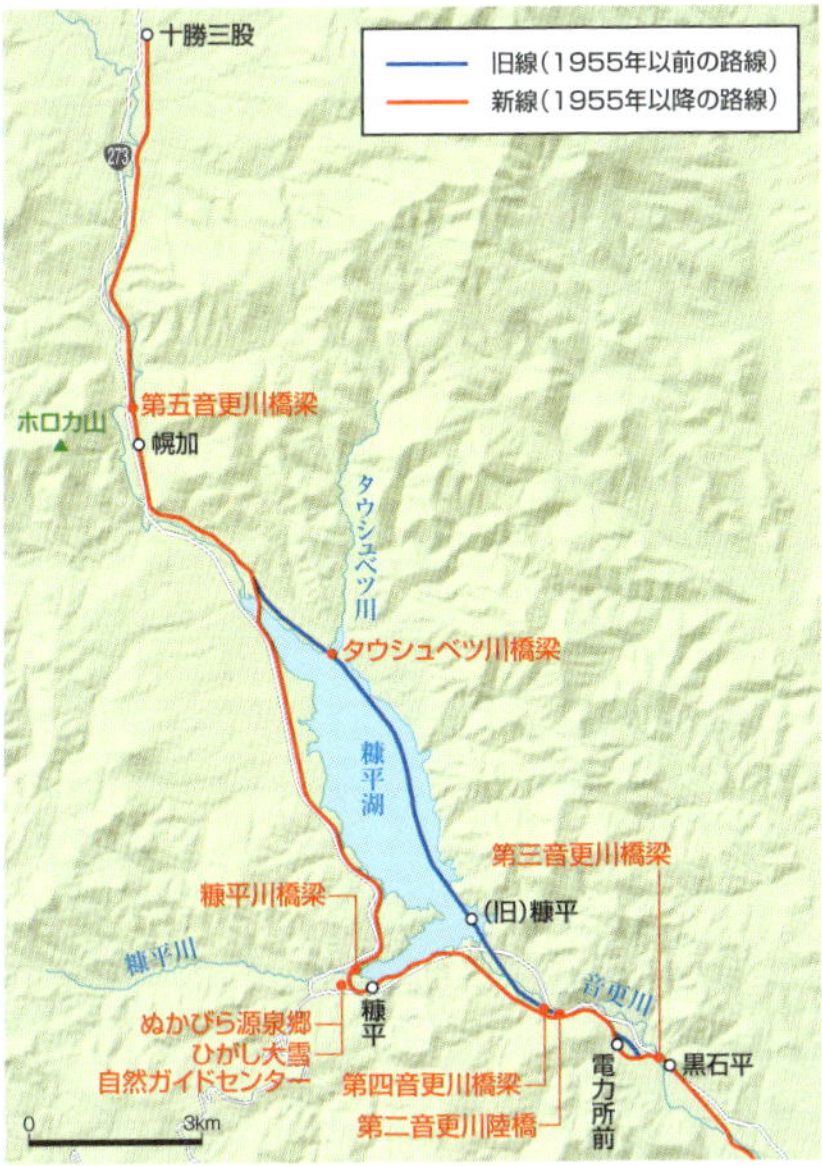

士幌線廃線MAP

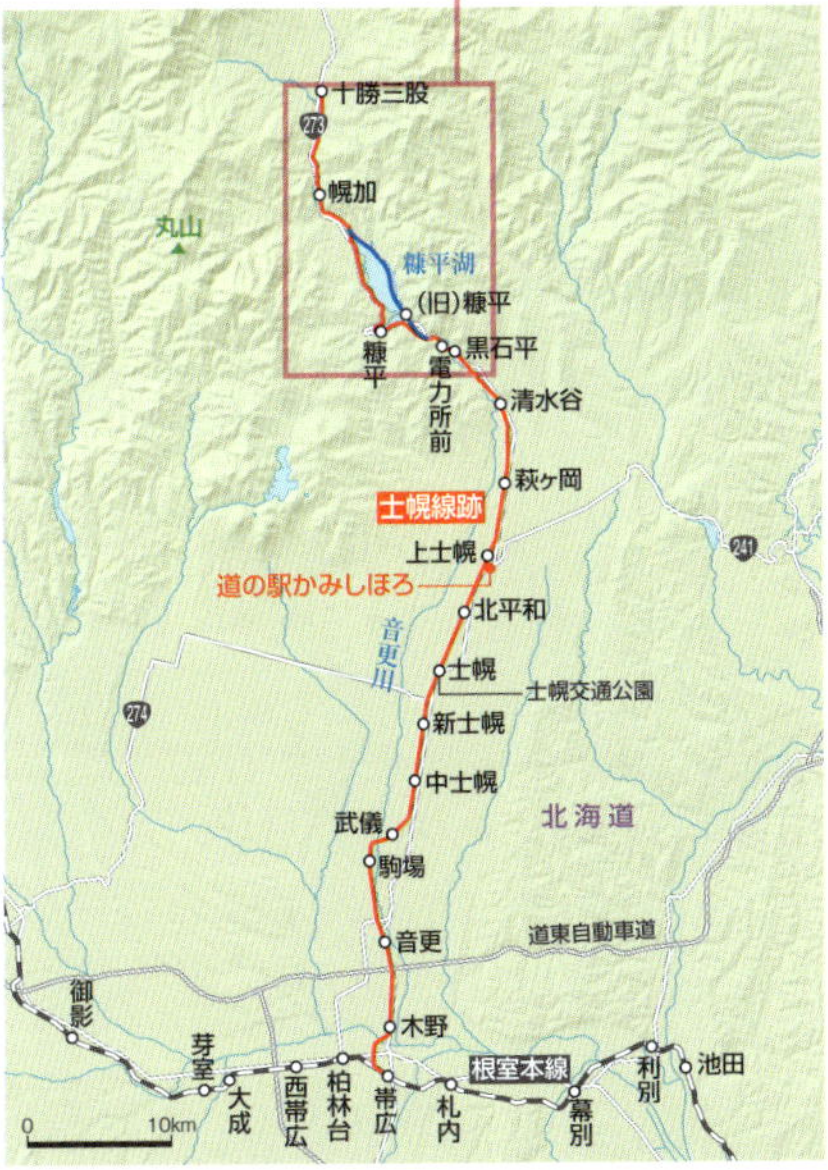

糠平川橋梁

糠平ダムの建設に伴って士幌線が移設された際に建設された。現在は北海道自然歩道の一部となり、橋上が歩道として活用されている

第五音更川橋梁

全長109mの橋は、現存するアーチ橋ではタウシュベツ川橋梁に次ぐ大きさ。糠平～十勝三股間がバス代行輸送となった1978年に役目を終えている

当時の名残りを伝えるアーチ橋梁群が今も点在している。これらの旧国鉄士幌線コンクリートアーチ橋梁群は2001（平成13）年、北海道遺産に選定された。

アーチ橋ばかりでなく、当時の面影を残す幌加駅跡や、現在は鉄道資料館が立つ糠平駅跡など、タウシュベツ川橋梁と合わせて訪れるべき見どころは多い。

トンネルあり！　橋脚あり！　保存車両あり！

北陸廃線紀行

尾小屋鉄道跡・北陸鉄道加南《かなん》線跡・北陸本線旧線跡

廃線先生こと、松本典久さんが少年時代に旅をし写真を撮った、
石川県小松市を走っていた尾小屋鉄道。
廃線助手として俳優の谷口礼子さんを携えて、
当時の面影を探す廃線歩きに繰り出した。
そのほか、北陸鉄道加南線、北陸本線旧線跡も訪ねる、
北陸廃線めぐりの旅へと案内しよう。

文　谷口礼子　撮影　坪内政美　取材／2019年4月

松本典久（まつもと・のりひさ）
1955 年東京生まれ。東海大学海洋学部卒。幼少期から鉄道の魅力にどっぷりはまり、出版社勤務を経て鉄道をテーマとした著作活動を続ける。近著は『夜行列車盛衰記』（平凡社新書）、『謎とフシギの京王電鉄』（交通新聞新書）、『鉄道と時刻表の150 年　紙の上のタイムトラベル』（東京書籍）、『60歳からの鉄道ひとり旅』（イカロス出版）など。

谷口礼子（たにぐち・れいこ）
神奈川県生まれ。早稲田大学第一文学部卒。俳優・ライター。
鉄道・バス旅の紀行文を執筆している。劇団「シアターキューブリック」にて“ローカル鉄道演劇”に出演。映画『電車を止めるな！』に主人公の妻役で出演。他、舞台出演多数。

日本最古の
重厚さが
感じられます
廃線助手
谷口礼子
要石に
明治十四年と
刻まれているよ
廃線の先生
松本典久

北陸本線の旧線となる柳ケ瀬線の廃線跡に残る小刀根トンネル。1881年に開業した当時の面影を残す

探訪1

尾小屋鉄道跡を探す

古い地形図と当時の写真とともに
先生と助手ふたり廃線旅へ

北陸本線小松駅に降り立つと廃線先生が言った。

「駅前も随分変わっちゃったな……」

たしかに北陸本線が高架化されたとともに駅前は整備され、北陸新幹線の延伸工事が今まさに行われているところだ。

私が〝廃線先生〟と呼ぶのは、鉄道ジャーナリストの松本典久さんだ。この日初めてお会いした先生は、穏やかな雰囲気を漂わせながら、どんどん辺りを見回してテキパキと歩いていく。昔のことを想像したり、話を聞いたりするのが大好きなので、廃線には以前から興味があったけれど、専門的なことはなにもわからない。優しい先生だといいなあ……。と、助手の私は緊張しながら小走りでついていった。

先生がここ小松駅に最初に降り立ったのは1970（昭和45）年、15歳の時。『鉄道ジャーナル』の小さな記事に引き

新小松駅

寄せられ、どんな鉄道かも知らないまま、〝尾小屋鉄道〟を見にきたという。小松駅前にあった新小松駅から尾小屋鉱山に向かっていた16・８㎞の軽便鉄道が尾小屋鉄道である。

廃線先生は「二万五千分の一」の大きな地図をぱらりと広げた。尾小屋鉄道の廃線は48年前の77(昭和52)年にさかのぼる。国土地理院に出してもらった76(昭和51)年当時の地形図と、現在販売されている地形図を見比べる。廃線歩きにはこれが欠かせないのだそうだ。こんな地図が取り寄せられるとは初めて知った。ちらっと見ただけでも、古い方の地図は田んぼだらけ。町は随分変わっているようだ。私が生まれるよりも前になくなってしまった線路のあとは、ちゃんとたどれるのだろうか？

廃線先生の手元には地図のほかに、Ａ４版に引き伸ばした白黒写真があった。ステキ！これが当時走っていた尾小屋鉄道だという。車両はとても小さくて、線路の幅が７６２㎜と狭いので、バランスを崩してしまいそう。これが日本で最後まで残った非電化軽便鉄道の姿なのか。写りこんだ人々の服装や建ち並ぶ家の様子からも、当時の空気が漂ってくるようだ。この一枚があるだけで、目の前の景色が〝昭和〟に変

小松駅の北へ歩くこと3分、「土居原ボンネット広場」にはクハ489形501号車が保存されていた

北陸本線から離れるカーブは生活道路としてその名残を見せる

新小松駅跡の南側

わるような気がする。資料をコピーしてきてくださったのかと思いきや、これはなんと先生が70～73（昭和48）年に数回訪れた時に、ご自身で撮ったものだという。高校生の頃からこの腕前ですか！ やっぱり私の先生はただものではないのである。

新小松駅を出発すると、尾小屋鉄道はカーブを描いて北陸本線からそれていく。まず、新幹線の建設用地すれすれのところに、緩くきれいにカーブを描く道が見つかった！ 隣に新幹線が通るなんて、当時の人は考えもしなかっただろう……。線路の軋《きし》む音をキュルキュル立てながら、写真で見た尾小屋鉄道の小さな車両がゆっくりカーブを曲がっていくところを想像すると、なんだかワクワクしてきた。

さて、線路をそのまま進んでみよう。吉竹駅付近から先の廃線跡は「小松加賀健民遊歩道」として整備されていた。「非電化」「単線」「軌間762㎜の軽便鉄道」と、アタマの中でもう一度整理してみる。電車のように電柱は立っていないし、線路は幅の狭い単線だ。

ここで、遊歩道を歩いてきた70歳くらいの男性に、廃線先生が声をかけた。

吉竹駅跡付近

吉竹駅跡付近から廃線跡は、小松加賀健民自転車道として「憩いの森」へと進んでいく

「ここに鉄道が走っていたことをご存知ですか？」

そしてすかさず、昔撮った写真を手渡す。男性は目を細めてそれを見ると、感動したように「これはすごいな、あなたが撮ったの」と聞いた。思い出話が飛びだす。

「古い蒸気機関車が坂をやっと登っていて、登りきれなくてみんなで降りて押したこともある。ぼくはそこの吉竹の小学生だった。最後に乗ったのは東京で仕事を始めてから帰省した時、30歳くらいだったかな。鉄道がなくなると聞いたから、記録のためにと8ミリのフィルムで撮ったのが家にあるよ」

廃線先生はうれしそうに、

「ぼくは高校生の頃、この鉄道が大好きになって東京から何回も来ているんです」

と言った。写真があると当時を思い出してくれる人が多いのだと廃線先生。なるほど、写真はそうやって使うのか。当時の話を聞けたことで、私の想像力も俄然《がぜん》たくましくなってきた。

寅さんが目覚めた駅の跡から尾小屋駅へと向かう

遊園地前駅近くで、廃線先生が当時撮った走行写真の撮影

遊園地前駅跡北側

地を発見した。これは助手の私のお手柄である。線路のＳ字カーブが、遊歩道にも変わらず残っていた。地形がこれだけ変わらないなら、この先、私にだってなにか見つけられそうな気がする。先生はしゃがんで懐かしそうにファインダーをのぞき込んだ。高校生の廃線先生がここで同じようにしゃがんで、ワクワクしながら尾小屋鉄道に向かってシャッターを切っていたのかと思うと、先生の背中越しに、走ってくる車両が見えるようだった。

　金平《かなひら》駅は先生も私も大好きな映画「男はつらいよ　柴又慕情」の冒頭で、寅さんが夢から目覚めるシーンに登場する駅である。線路跡は農道になっていて、駅の面影はどこにもなかったが、ふと目を上げると、山の稜線に思い当たるものがあった。スマホを取り出して、ＹｏｕＴｕｂｅで映画の冒頭を再生する。「これだ！」寅さんの乗り込んだキハ２がエンジンの音を上げながら去っていく画面に映る山が、尾小屋方面の山の稜線とぴたりと一致していた！

　農道をそのまま尾小屋方面に進むと、線路は川に行きあたった。橋桁はなく、橋台と橋脚だけが残っている。鉄道の重さと振動を支えた石造りの立派な橋脚に、いまは不釣り合い

若杉提

1973年当時の写真でも、若杉堤に沿って尾小屋鉄道が走っていることがわかる

なほど細い導水管が渡されていた。今度は私が農道をやってきた地元のおじいさんに写真を見せて話しかけると、

「高校を卒業する昭和35（1960）年まで3年間、金平の駅から毎日鉄道に乗って通ってました。田んぼの真ん中の駅でしたよ」

と記憶をたどってくれた。

「鉱山があったから、私が小学生のころには栄えてね。東北やなんかから随分たくさんの人が働きに来たので、子どもも増えて。途中からクラス数がふたクラスに増えたんですよ」

先生の教えのおかげで、尾小屋鉱山の最盛期の話が聞けてしまった。やはり先生の写真の威力はすごい。

橋の遺構、駅跡のコンクリートの基礎部分、ホームの石積み、石垣に築堤……。線路跡をたどっていくと様々な構造物を見つけることができる。いつの間にか私も、遺構探しのコツが身についてきたようで、いろいろなものが気になるようになってきた。

「いちばんの決め手は緩いカーブかな。鉄道は急なカーブを曲がれない。だからカーブの形に特徴があるんだよ」

と廃線先生が説明する。

遊園地駅ホーム跡から

左／当時の写真撮影と同じポイントを発見！ 同じアングルで自転車道を撮影してみた
中／花坂駅のあった白山神社付近から南には草むした築堤だけが残っていた
右／吉竹駅から遊園地駅に向かって坂道を登ってくる尾小屋鉄道を、松本さんが撮影していた

「それと、勾配。鉄道は急な勾配も登ることができない」

先生は構造物だけでなく自然にも詳しい。「ほらそこ。足元にツクシが生えている」ツクシにノビル、スイバにヨモギ。春の野草を踏み潰さないように歩く廃線先生の足取りは優しかった。

「春が廃線歩きに一番いい季節なんだ。冬は雪が積もるし、夏になれば緑が生い茂って、遺構を隠してしまう」

終点・尾小屋駅の跡は一面の枯れ草に覆われた広場だった。写真を頼りに、駅全景を見渡せる高台によじ上ると、空が広かった。「思い出してきた、確かにこの高台の上から撮ったなあ」とすっかり高校生に戻った先生が言う。鉱山から運び出した物資を載せるため、これだけの広さがあった尾小屋駅だが、鉱山が閉山し、人々が町を離れるとともに、鉄道も衰退したそうだ。ホームの段差だけは、当時と同じ姿のままそこにあった。ホームの下には線路も残っていた。初めて見る尾小屋鉄道の線路。赤くさびた鉄色に40年の歳月を感じた。廃線をたどると、歴史や人生のストーリーを知っていくような楽しさがある。私も先生と一緒に半世紀の旅をしたような気がして、ずっしりと感慨深い。

梯川《かけはしかわ》橋梁跡

金野（かねの）小学校の南の県道からは、梯川に残る橋桁の跡を探すことができた

松本さんが撮影した、貴重な蒸気機関車が梯川橋梁を渡っている一枚

西大野駅跡

右／瀧浪神社の鳥居は今も変わらず健在。今は駅の跡も残っていないが、鳥居の前に建つと尾小屋鉄道が走っていた様子がしのばれる　下／松本さんが撮影した1970年の西大野駅。瀧浪神社の鳥居の前に駅があった

金平駅跡

上／金平駅の跡には遺構は残っていない。ただまっすぐ南へと延びる農道に線路跡の面影を感じさせる
下2点／すれ違い駅でもあった金平駅も松本さんは撮影していた。下のカラー写真から、多くの乗客が乗降する駅だったことがわかる

駅跡の倉庫の裏手に回ると、なんと小さな転車台が残っていた。これには先生も興奮している。草に覆われてしまっているが、形がそのままなので当時を想像しやすい。小さいけれどドキドキする鉄の迫力があった。駅跡のすぐそばには、尾小屋鉄道から名を変えてバス会社になった「小松バス」のポールが立ち、終点「尾小屋」の名前を掲げていた。バスは1日に朝・午後・夜の3本である。

郷谷（ごうたに）川の上に架かる橋の上に駅舎があった尾小屋駅。鉱山輸送のために、駅構内は広かった

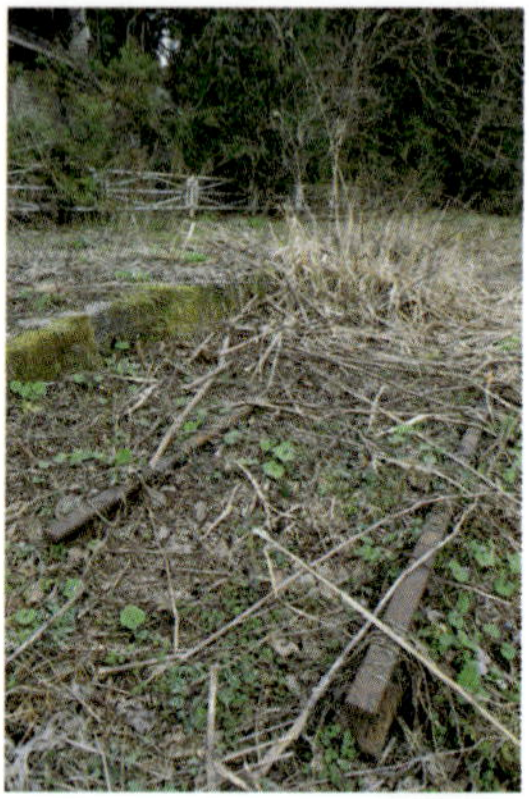

尾小屋駅跡

左／駅構内にはレールもそのままに残されていた
下／同じアングルから見た現在の尾小屋駅跡。奥の車庫がそのままあることがわかる

尾小屋鉱山資料館

「尾小屋鉱山資料館」の下には「小松市立ポッポ汽車展示館」があり、尾小屋鉄道で活躍した5号機関車、キハ3などが展示されている

尾小屋駅跡から坂道を上ること約15分にある尾小屋鉱山を展示した資料館。尾小屋鉄道の歴史にまつわるコーナーもあり、新小松駅の模型や駅名標などが展示される。坑道を散策することもできる。坑道には当時使用されていた機関車も展示されている

展示は、資料館の建物内に尾小屋鉄道のコーナーが。その先、坑道内を歩いてめぐることもできる

足を延ばして…

北陸鉄道小松線・粟津線跡へ

小松駅からはもうひとつの私鉄、北陸鉄道小松線が走っていた。1929年、白山電気鉄道が小松～遊泉寺（のちの鵜川遊泉寺）間で開業。その後、北陸鉄道となり1986年まで営業していた。終点の鵜川遊泉寺駅跡は鵜川古代桜の名所として春には立派な桜が咲き誇る。鵜川遊泉寺駅跡近くにはハニベ大仏もある。

探訪2

山代温泉と北鉄加南線跡

湯が心地よい温泉宿の裏手も実は廃線跡だった

加賀温泉駅から車で10分、山代《やましろ》温泉「みやびの宿　加賀百万石」に宿を取る。さっそく温泉へ。露天風呂に身を沈めると、冷えた春の土と草木の香りが鼻をかすめる。食事は豪華な懐石料理。季節を感じさせる菜の花やわさびの花、山菜などを取り入れ、おいしい海の幸、加賀れんこんのれんこん饅頭に加賀芋のとろろなど、地の食材が満載だ。九谷《くたに》焼の器も美しく、まるで百万石のお姫様にでもなったような気分を味わえる。

ここに宿を取ったのには理由があった。山代温泉にはかつて、北陸鉄道の加南線が走っていたのである。翌朝、宿の外を散策してみると、すぐ裏手の大聖《だいしょう》寺《じ》川を渡る小さな橋の橋桁が怪しい。橋の途中までとその先の構造が違っている。これは、北鉄が渡っていた鉄道橋を流用して造ったものだぞ

みやびの宿 加賀百万石

北陸随一の規模の200室以上を誇る温泉旅館。別邸の「奏（かなで）」はゆったりとした客室、純和風のもてなしで観光客を出迎える。自家源泉100％という温泉も広々と入ることができて心地よい。

住：石川県加賀市山代温泉11-2-1
TEL：0761-77-0200
交：北陸新幹線・IRいしかわ鉄道加賀温泉駅からバス約15分

うだ。つまり、宿の北側すぐ脇が線路だったということになる。なんと、昨夜泊まった部屋の真下であった！「トレインビューの部屋とは知りませんでした」と冗談が飛び出す。もし今でも鉄道が走っていたら、格別な景色だったろう。

加南線の前身は、湯治客のための馬車鉄道だった。自動車のない時代、山代温泉だけでなく、粟津《あわづ》温泉、山中温泉、片《かた》山津《やまづ》温泉などの名湯と北陸本線を結んだのだ。道路沿いに発展しているので、廃線跡はたどりやすいが、道路の拡張・整備とともに痕跡はほとんど消えてしまっていた。

北陸鉄道「しらさぎ」

北鉄加南線の終点だった山中温泉には「しらさぎ」の愛称を掲げて走った北陸鉄道6010系が保存されている。この車両は1971年の加南線廃止後、大井川鐵道に譲渡され活躍したもの

右／大聖寺川の廃線跡に架かる橋から「加賀百万石ホテル」を見上げる。まさにホテルの裏手が廃線跡だった　下／橋脚と橋桁の一部は北陸鉄道時代のものが再利用されたもの

探訪3

なかよし鉄道

動態保存された尾小屋鉄道〝生きている鉄道〟に乗る

粟津駅そばの「いしかわ子ども交流センター小松館」に、尾小屋鉄道で使われていたキハ1が健在と聞き、訪ねた。赤とクリーム色の尾小屋鉄道色を鮮やかに保ったキハ1は、児童館に遊びに来る子どもたち向けの「なかよし鉄道」として余生を送っていた。敷地内に500m弱の線路が敷かれ、水曜日と土・日曜・祝日に定期運行される。近くの保育園や小学校の子どもたちが来た時には臨時運行もある。私たちはさっそくキハ1に乗りこんだ。車内は明るい緑のペンキ色で、狭くてこぢんまりしている。運転席横のかぶりつき席に座り、一往復体験させてもらう。

廃線先生は感慨深げに座席に座り、この空間を堪能していた。キハ1とは現役時代以来の再会である。ディーゼルエンジンが音を立てる。私たちを乗せた小さな箱が揺れながら走り出すと、開け放った窓から吹き込む緑の風が心地よい。言い知れない感動が胸にこみあげてくる。

先生は言葉少なに

「やっぱり、生きている鉄道はいいですね」

と言った。廃線の魅力にすっかり取りつかれた私ではありますが、それは本当に、その通りですね。

上／尾小屋鉄道キハ1の客席は、軽便鉄道らしいこぢんまりとしたサイズのロングシート　下／運転台も当時のままを見ることができる

いしかわ子ども交流センター小松館

敷地の一角に473m区間を「なかよし鉄道」として尾小屋鉄道で活躍した車両が運行している児童館。そのほか館内にも一部鉄道にまつわる展示がある。

住：石川県小松市符津町念佛3-1
TEL：0761-43-1075
交：IRいしかわ鉄道粟津駅から徒歩約8分

探訪4

北陸本線旧線跡

勇壮なトンネルが残る
国鉄北陸本線の廃線跡へ

二日目の目玉は国鉄の廃線跡である。北陸本線の敦賀《つるが》～今庄《いまじょう》間は、北陸トンネルが開通した1962（昭和37）年までは〝山中《やまなか》越え〟と呼ばれる鉄道の難所で、単線非電化でD51形蒸気機関車が活躍したという。廃線跡にはアスファルトが敷かれ、現在は県道として使われている。単線は単線でも、昨日の軽便鉄道とはわけが違う。用地の幅が広く、カーブもゆったりと見える。それでも勾配はところどころとても急で、SLが煙をもくもく上げて山を登る姿が想像できた。

山中トンネルに到着すると、れんが造りのトンネルが、ぽかっと口を開けていた。左の苔むした石壁の奥にあるトンネルはスイッチバックの時に列車を突っ込むためのもので、行き止まりだという。「すごい……」。その空気感に圧倒され、思わず言葉が漏れた。

山中峠越えスイッチバック

れんが造りの山中トンネル。左にはスイッチバックの引込線のトンネルが見られる

れんがはまだらのようにさまざまな色に変わっている。汽車の煤煙《ばいえん》や雨風にさらされ、今も色が変わり続けているに違いない。植物がトンネルを取り込もうとするように覆い被さり、いつかは山と一体化してしまいそうだ。廃線先生が手を伸ばしてそっとれんがに触れる。なんとなく同じような気持ちになって、れんがを触ってみた。苔と土でざらざらしている。このれんがを揺らすように轟音《ごうおん》を上げて汽車が行き過ぎたのだろうか。

石積みの坑門をもつ第二観音寺トンネルと第一観音寺トンネルの間が、私のお気に入りの場所だ。この近くにあった杉《すい》水《づ》駅からの眺めは当時「北陸線屈指の車窓風景でございます」と車内アナウンスされたほどの絶景だったという。たまたま廃線になったおかげで、今では立ち止まって存分に眺めることができる。眼下には青い敦賀湾と、緑の美しい小さな町が宝石のように輝いている。胸いっぱいに吸い込む空気がおいしかった。

いくつものトンネル群をくぐり抜け、敦賀を越えて「長浜鉄道スクエア」にやってきた。「北陸線電化記念館」とある。北陸本線の全線電化は1969（昭和44）年。電化後に大活

旧山中トンネル

1896年に開通した山中トンネル。100年の時を経て苔むしたその姿を見せる

今庄駅から徒歩6分の「今庄の宿 かねおり」の駐車場には、旧線で活躍したD51形蒸気機関車481号機が静態保存される

山中トンネル敦賀側の出入り口付近にれんがの一部が。思わぬ発見に驚く二人

旧線の杉津駅〜山中信号所間は敦賀湾を望む、北陸本線きっての絶景ポイントだった

躍した交流の電気機関車「ED70形1号機」がここに展示されている。隣に並ぶのはD51形蒸気機関車だ。先ほど見てきたトンネルをくぐり抜けた勇者はこちらである。北陸本線の輸送をバトンタッチした先輩と後輩が仲良く並ぶ姿はほほ笑ましかった。

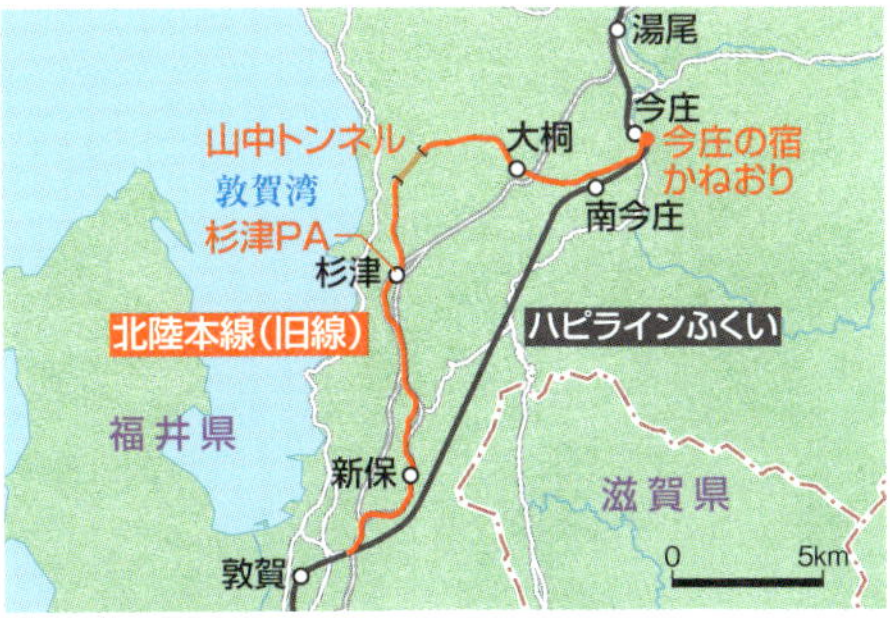

左／展示されたED70形は運転席も公開されており、実際に座ってみることもできる
下／展示されているED70形1号機

長浜鉄道スクエア

現存する国内最古の鉄道駅舎、1882年に建てられた旧長浜駅舎が出迎える鉄道の博物館。「北陸電化記念館」では、旧線を走ったD51形蒸気機関車と、新線を走ったED70形電気機関車を展示する。

住：滋賀県長浜市北船町1-41
TEL：0749-63-4091
交：JR北陸本線長浜駅から徒歩3分

国鉄柳ケ瀬線跡

明治中期に開業していた柳ケ瀬線跡へと向かう

まだ日が暮れるには時間があった。廃線先生はぜひ行きたいところがあるという。車で引き返して向かったのは、山中越えより5年早い1957(昭和32)年に廃止になった北陸本線柳ケ瀬《やながせ》線跡(木ノ本〜敦賀間)である。1884(明治17)年に開通した柳ケ瀬トンネル(1352m)は当時日本一の長さを誇ったという。さらに進むと刀根《とね》の集落があり、刀根区公会堂という公民館の脇に、刀根トンネルの要石が展示されていた。「竣工　明治十四年八月」と彫られた文字がくっきりと読める。先生はGoogleストリートビューでこの存在を知り、ぜひ実物を見てみたいと思ったのだそうだ。さすが廃線先生。

「廃線探訪は、できる限り下調べしていったほうがいい。過去の写真があれば、地形や山の稜線は変わらないし、神社や

旧中之郷駅

中之郷駅はホームの痕跡を残し、現役時さながらの駅名標が立てられていた

お寺も同じ場所にあることが多い。今の時代、ストリートビューを見ればある程度は廃線めぐりもバーチャルで楽しむことができる。それでも本当にそこに行って、自分の目で確かめるということは、いちばんぜいたくで、幸せなことだよ」

最後に訪れた小刀根《ことね》トンネルは、車道としては使われておらず、砂の地面のままだった。これまでで一番、鉄道現役時代が想像しやすい。1881(明治14)年に竣工、翌年開業したもので、下半分が石積み、上部はれんが積み、当時の姿をとどめるトンネルとしては日本最古のものだという。廃線先生とともに、歩いてトンネルを抜けてみる。外から差し込む光が壁面に反射して、れんがの凹凸が幻想的に浮かび上がった。

この2日で、私もいっぱしの助手になれただろうか。撮った写真は大切に保管しよう。そしてまたいつか、この写真を片手に、廃線あるきの旅に出られたら楽しいものだろう。

旧柳ケ瀬トンネル

上／1884年の開通時は伊藤博文が揮毫(きごう)した「萬世永頼」の石額のレプリカが置かれた柳ケ瀬トンネル。石額の実物は「長浜鉄道スクエア」で展示されている
下／刀根区公会堂には起工年、竣工年が刻まれた、刀根トンネルの要石が置かれていた

１９７０年、あの日小松に降り立った……

尾小屋鉄道の記憶

１９７０（昭和45）年、まだ尾小屋鉱山も稼働していた頃、高校生の松本典久さんが尾小屋鉄道を訪ねた。その日に見た記憶を振り返っていただいた。

文・写真／松本典久

新小松から尾小屋へ　ユニークな軽便鉄道の旅

半年余り開催された「ＥＸＰＯ'70」こと「大阪万博」が終了して間もなく、とある鉄道趣味誌のニュース欄で10行ほどの短信を見つけた。それは尾小屋鉄道のＳＬ運転を伝えるものだった。

尾小屋鉄道は、北陸本線小松駅そばの新小松駅を起点に尾小屋駅まで16・８㎞を結ぶ、まだ全国各地にぱらぱら残っていたローカル私鉄の一つだったが、軌間が７６２㎜となっているのが特徴だった。国鉄在来線の１０６７㎜より３０５㎜

金平駅

金平駅での行き違い。左の車両は両端に荷台を付けたキハ2。ここで客車を1両連結して新小松駅へと向かう（1970.11）

新小松駅

新小松駅で出発を待つ尾小屋行きのキハ1。冬季になると車体に荷台を取り付け、スキー客の荷物を積んでいた。車体長約9m、小型車両ならではの工夫だ。なお、このキハ1は現在「なかよし鉄道」で動態保存されている（1972.3）

西大野駅

SL列車のイベント運転は降雪期にも行われた。この日は客車と貨車を連結した混合列車となり、往年の姿が再現された（1972.3）

も狭い、いわゆるナローゲージである。現在、黒部峡谷鉄道や三岐鉄道北勢線、四日市あすなろう鉄道などでわずかに使用されている規格だが、当時でも珍しいものだった。

しかもSLが動くという。当時、尾小屋鉄道は時刻表に掲載されているナローゲージの鉄道で唯一動態のSLを所有しているところでもあった。ただし除雪補助として残されているだけで、動く機会は限られていたのだ。この短信に小躍りして、上野駅から夜行の急行「越前」で小松駅へと向かった。

実は尾小屋鉄道への訪問はこの時が初めて。小松駅の駅員さんに尋ね、新小松駅に向かった。それは国鉄駅の裏側に位置し、北陸本線の踏切を渡った先と教えてくれた。踏切で線路を何本か渡っていくと途中から線路幅が狭くなった。これが尾小屋鉄道だった。

踏切わきの小さなホームにキハ1と記された小型気動車が1両停まっていた。尾小屋行きの列車だ。構内には古ぼけた客車が何両もいたが、それをつなぐほどの乗客はなく、単行運転となった。

新小松駅を出発すると、田んぼのなかをひたすら走っていく。やがて線路は森に分け入り、それを抜けると西大野とい

尾小屋鉄道のあゆみ

江戸時代　尾小屋鉱山の採掘開始

明治時代　尾小屋鉱山の採掘拡大

1916（大正5）年3月
正田順太郎（当時の鉱山長）が新小松～尾小屋間の鉄道敷設出願。同年8年に免許取得、翌年着工

1919（大正9）年11月
全線開通、SLにより旅客営業開始

1920（大正9）年4月
同区間でSLにより貨物営業開始。同年6月、尾小屋鉄道の権利を正田順太郎が横山鉱業部に譲渡

1929（昭和4）年6月
尾小屋鉄道株式会社設立、同年7月に横山鉱業部から尾小屋鉄道を譲受

1932（昭和7）年7月
尾小屋鉱山が日本鉱業に引き継がれる

1936（昭和11）年
尾小屋鉄道の運営も日本鉱業に移行

1937（昭和12）年2月
内燃動力併用開始。貨客分離も実施

1950（昭和25）年
一般乗合旅客自動車（バス）運送事業開始

1962（昭和37）年9月
日本鉱業が尾小屋鉱山および尾小屋鉄道から撤退、尾小屋鉄道は名古屋鉄道の系列会社として存続

1971（昭和46）年
沿線で最後まで採掘されていた鉱山閉山

1977（昭和52）年3月20日
尾小屋鉄道廃止、バス事業は小松バスに社名変更して存続

西大野駅での行き違い。右の車両はキハ3。表記は「1803」の切り抜き文字を残し、「3」だけをペンキで塗り分けている。左の車両はキハ1。ふだんは荷台なしで運転される（1970.11）

う駅に着いた。神社を備えたちょっとした集落があり、ここで列車が行き違う。

向こうも気動車1両だったが、車両名の表記がおかしかった。切り抜き文字で「1803」と記されていたが、このうちの「3」だけをペンキで色分け、その上に「キハ」と添えてあった。「キハ3」と読ませるのである。遠州鉄道からの移籍車（遠鉄では1803を名のっていた）だったが、切り抜き文字を剥がさずそのまま活用していたのだ。このいい加減な措置が何とも「軽便《けいべん》」的で、面白く感じたのである。

ちなみに「軽便」とは「簡便」「手軽」といった意味だが、ここから「軽便鉄道」という言葉も生まれた。「簡便な規格や施設でつくられた鉄道」で、一時期は「軽便鉄道法」という法体系も整えられた。尾小屋鉄道は正しくこの軽便鉄道なのである。余談だが、この法規に軌間の規定はなく、1067㎜軌間などで建設された軽便鉄道も多い。必ずしも軽便鉄道=ナローゲージではないのだ。

西大野駅を出てさらに田んぼのなかを進み、金平駅に着く。ここでも列車の行き違いがある。やってきたのは車体の両端に荷台を付けたキハ2だった。この荷台という造作も軽便的

郷谷川橋梁

木製の桁を使う橋もあった。この日の列車はディーゼル機関車が客車1両を牽いて走ってきた（1973.7／倉谷口〜長原間にて）

観音下《かながそ》駅

観音下駅に到着する新小松行きのキハ1。簡素な線路のつくりが写真からも読み取れる（1973.7）

でうれしくなった。金平駅では側線に留めてあった客車を連結して新小松駅へと走っていった。

　金平駅を出ると谷が狭まり、勾配も急になる。そして小さな広場に出たと思えば、これが尾小屋駅だった。本線の先端部には2棟の木造車庫が建ち、その先には進めないことを示していた。

　ホームに降り立つと石炭の燃える甘い匂いが漂っていた。ＳＬである。やがて狭い谷間の駅にも朝日が差し込み、煙が白く輝いた。

　この日の出合いがあまりにも印象的で、以来、尾小屋鉄道廃止まで数年間、この地に通い続けることになった。

尾小屋駅には2棟の木造車庫があり、その奥には小さなターンテーブルもあった。この車庫とターンテーブルは現在も姿を留めている（1970.11）

尾小屋駅

尾小屋鉄道SLとの初めての出合い。この5号機は1947年の立山重工業製で、いかにも産業用というスタイルだったが、ぼくにとっては貴重な軽便SLだった。森に囲まれた尾小屋駅のたたずまいも気に入った（1970.11）

碓氷峠

新旧廃線跡探訪

第三号トンネルからは第四号トンネル、続く第五号トンネルを一気に見通すことができる

碓氷《うすい》峠には3つの歴史が並走している。
アプト式鉄道時代の「旧線」、粘着式鉄道時代の「新線」、そして「新幹線」。
過ぎた時間をそのままのかたちで残す碓氷峠を歩き、
ヨコカル125年の足跡を訪ねてみた。

文／蜂谷あす美　撮影／山本昌史（特記以外）　取材／2018年

蜂谷あす美（はちや・あすみ）
1988年福井県福井市出身。母方の祖父は国鉄で車掌を勤め上げた。高校時代の汽車通学時、鉄道の魅力に突如取りつかれ、鉄道雑誌をこっそり愛読し趣味をはぐくむようになる。慶應義塾大学入学後は、鉄道研究会に入会。大学卒業後は出版社勤務を経て、紀行文ライターに。近著に『女性のための安心鉄道旅行術』（イカロス出版）、『もっとお得にきっぷを買うアドバイス50』（天夢人）など。

廃線跡探訪の前に「碓氷峠鉄道文化むら」へ

通称〝ヨコカル〟。最大勾配66・7‰《パーミル》の碓氷峠を越える信越本線横川《よこかわ》〜軽井沢間の11㎞は、約20年前に廃止となった区間だ。日本初のアプト式鉄道として開業したのは1893(明治26)年のこと。1963(昭和38)年には新線が開業。アプト式から粘着式鉄道に替わり、碓氷峠専用のEF63形電気機関車を2両連結することで難所に挑んだ。そして97(平成9)年9月30日、北陸新幹線の長野先行開業に伴い約100年の歴史に幕を下ろした。

ヨコカルには今も往時を想起させるものが数多く残っているという。けれども、最初に降り立った横川駅で最初に目にしたのは、頑丈なコンクリート製の車止めだった。その先を想像させてくれない。唯一、面影をとどめているのは駅裏の側線跡。視線の先にある「碓氷峠鉄道文化むら」への引込線として現在も残されている。廃線探訪に向けた事前学習のため、私は側線跡をたどり碓氷峠鉄道文化むらに引き込まれていった。

「これで終わりかと思うと感慨深いものがありましたよ。」二

信越本線（横川〜軽井沢間）DATA

開業年（旧線）：1893年4月1日　開業年（新線）：1963年7月15日
廃止年（旧線）：1963年9月30日　廃止年（新線）：1997年9月30日　距離：11.2km

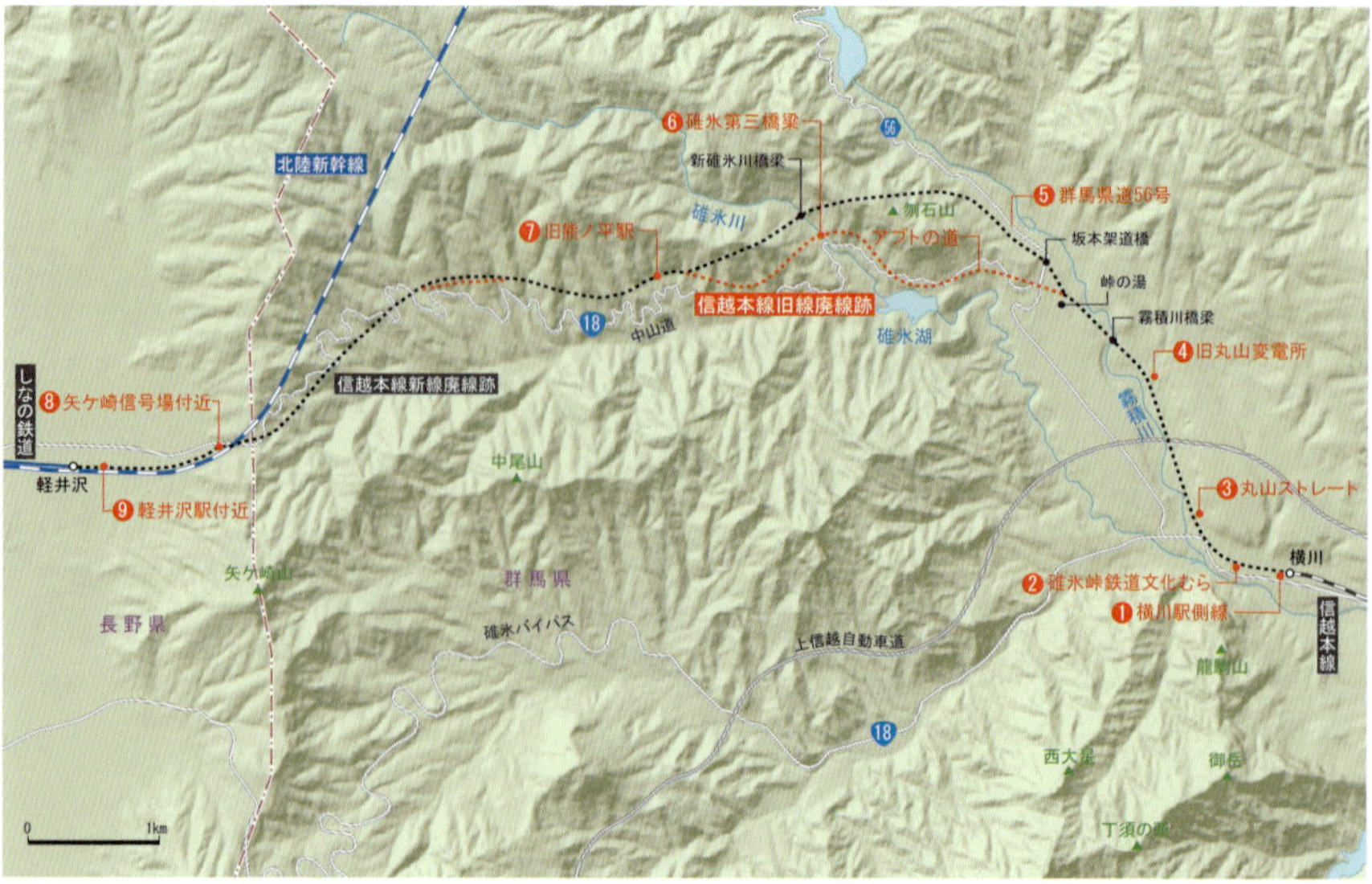

度とロクサン（ＥＦ63形）に乗れないんですからね」

思い出を語ってくれたのは、丸山良男さん。旧横川運転区に所属し、最終日には軽井沢に臨時回送するＥＦ63形電気機関車に乗務した。

「廃止の2年くらい前から、鉄道ファンの方がどっと増えました。『どうですか、廃止になるのは？』と聞かれることもありました。寂しいのはもちろんあったんですけど、異動先で電車の運転に慣れるかなという不安も大きかったです。ヨコカルだと、登りの制限速度が最高でも時速65kmだったんですけど、異動先の新前橋電車区では電車が時速１２０kmで走っていましたから」

丸山さんは現在、碓氷峠鉄道文化むらでＥＦ63形運転体験の指導員を務めている。

「運転士をしていたころは仕事ですからとくに何も思いませんでしたが、こうして全国から体験希望の人が殺到している様子を見ると、あらためてロクサンってすごいんだなと感じるようになりました。本業で列車の運転をしている人も来るくらいですからね（笑）」

最後に廃線跡でおすすめの場所を尋ねてみた。

ヨコカル最後の日までロクサンを運転した丸山良男さん。現在は、「碓氷峠鉄道文化むら」でEF63形運転体験の指導員を務めている

お座敷列車「くつろぎ」で横川駅前の「おぎのや」で購入した「峠の釜めし」をいただく

横川駅裏の側線跡。「碓氷峠鉄道文化むら」の引込線として現在も残されている

横川駅4番線に停車中のジョイフルトレイン「シルフィード」。奥に見えるのはEF63形電気機関車

❶ 横川駅

駅舎は1919年改築後の姿をとどめている。かつて、EF63形電気機関車の連結・解放を行う駅だったため、すべての列車が長時間停車した。その時間を利用して乗客が購入したのがおぎのやの「峠の釜めし」だ

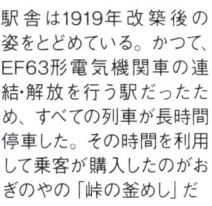

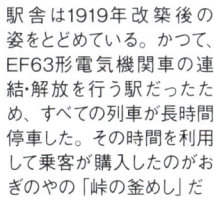

「全部ですね。どこを見ても当時の思い出がよみがえりますよ」

「峠の釜めし」で腹ごしらえ 碓氷峠の急勾配へ挑む

廃線探訪ハイキングの前には腹ごしらえが必要だ。「碓氷峠鉄道文化むら」には、ヨコカルで活躍した電気機関車や189系特急電車のほかにも、貴重な車両が展示されている。そのうち12系客車を改造したお座敷列車「くつろぎ」は、休憩、飲食スペースとして開放されている。快適な空調設備が整えられた車内で、横川名物「峠の釜めし」をいただいた。

お腹を満たしたところで廃線探訪がはじまる。これから歩く「アプトの道」案内板には、「旧熊ノ平《くまのたいら》駅6・0㎞115分」と記されていた。平坦な道ならいざ知らず、ここは峠の難所。約300mの標高差を登り切れるか、少々不安になった。

まずは碓氷峠鉄道文化むら発着のトロッコ線を左手に、初心者ハイカーに優しい30‰の道を歩く。線路跡をたどること1・6㎞、旧丸山変電所に到着した。開通当時のヨコカルではアプト式の蒸気機関車による峠越えが行われていたが、トンネル内の煤煙対策、輸送力アップを目的として1912

❷ 碓氷峠鉄道文化むら

1999年、横川運転区跡地に開園。碓氷峠にゆかりのある車両などの展示のほか、トロッコ列車やミニSLが運行している。EF63形電気機関車の運転体験が行われており、実技講習を受けると、指導員のもと実際に運転ができる

現役当時の横川運転区。写真右側に見える検修庫は、鉄道展示館として「碓氷峠鉄道文化むら」に引き継がれている　撮影／牧野和人

上／189系の特急「あさま」。ジャンパ栓など機関車との協調運転用機器が搭載されている　下／EF63形1号機をはじめ、全国で活躍した貴重な車両が並ぶ

（明治45）年に電化されている。その際に建造されたのが丸山変電所だ。れんが造りのシックな建物からは、〝幹線区間初の電化〟の誇りが感じられた。

さらに歩みを進める。するとここでアプトの道はあからさまな登り勾配に差しかかった。これがうわさに聞きし66・7‰……！　以降はこの勾配が続く。

前述のとおり、アプトの道はトロッコ線と並走している。アプトの道は上り線の跡、トロッコ線は下り線の跡を転用しているためだ。このうちトロッコ線については、今は使用されていない架線も含め、現役時代の姿を残している。〝往時をしのぶ建造物や遺産〟を時々見つけ、嬉々とするのが〝廃線めぐり〟と認識していたのだけれど、碓氷峠は一般的なそれとはちょっと違うらしい。こうしてトロッコ線に気を取られているうちに温泉施設「峠の湯」付近に到着。ここは旧線と新線の分岐点で、アプトの道はアプト式鉄道の廃線跡、つまり旧線に引き継がれていく。

新線の廃線跡が残る県道から〝めがね橋〟の碓氷第三橋梁へ

ここでアプトの道から外れ、誘われるようにして新線が延

③ 丸山ストレート

横川駅から丸山変電所手前までの区間は、通称「丸山ストレート」と呼ばれており、比較的勾配の緩やかな直線が2km近くにわたって続く。ロクサン時代にはここで時速60kｍまで加速し、66.7‰の峠越えに挑んだという

上／上信越自動車道を見上げながら、丸山変電所跡をめざす。複線架線柱が今も残るが、ここは単線のトロッコ線だ　下／廃止直前の丸山ストレートを通過する特急「あさま」。ロクサンには、引退記念のヘッドマークがつけられている

撮影／佐々倉 実

びるほうに向かってみた。坂本架道橋をくぐり、新線跡に沿う県道56号へ出たところで、突然「あ、時刻表を持ってくればよかった！」という、廃線探訪にまったくそぐわない想いが頭をよぎった。堂々とした複線が目の前に現れたからだ。考えるまでもなくこれは廃線、それも昨日今日の話でなく20年以上前の。時刻表を繰っても、どこにもダイヤは載っていない。しかし、そのたたずまいは現役時代を彷彿《ほうふつ》させた。撤去されるわけでも、遊歩道などに整備されるわけでもない。あらがうことなく、20年もの時の流れを過ごしてきた姿は、どんな廃線跡よりも静かな存在に見えた。

さて、ふたたびアプトの道に戻る。ヨコカルの旧線区間は、断続的にトンネルが続く。1900（明治33）年に作成された「鉄道唱歌・北陸編」でも「くゞるトンネル二十六　ともし火うすく昼くらし」と歌われているほどだ。アプトの道ではこのうち、第一号トンネルから第十号トンネルまで、10のトンネルを歩ける。

まずは第一号トンネルに突入。この日は2月中旬。浅間《あさま》おろしと呼ばれる風が吹きすさび、体感温度はかなり低かったが、トンネル内はさらに厳しかった。しみ出た水が氷の柱と

❹ 旧丸山変電所

丸山変電所は1912年に建設され、63年に新線が開業するまで使われていた。西側が機械室、東側が蓄電池室で、現役時代には312個の蓄電池が整然と並んでいた。新線と旧線はこの先、現在の「峠の湯」付近で分かれていく

上／旧丸山変電所を超えると、勾配が大きくなり、いよいよ本格的なアプトの道に突入する　右／EF63形電気機関車と協調運転で峠を下ってきた特急「あさま」。かつてこのカーブは、ヨコカルでも一・二を争う名撮影地だった

撮影／牧野和人

なり、気温の低さを表現していた。

続いて第二号トンネルに突入。ちなみにこれらトンネル群、歩いてみると列車が走るには少々小さいように感じられる。電化後の旧線においては、頭上の架線とパンタグラフからではなく、線路脇の給電用レールと集電靴から集電する第三軌条方式が採用されていたからだ。

第二号トンネルを抜けると左手に碓氷湖が姿を見せる。58(昭和33)年に建設された、坂本ダムによって形成された人造湖だ。突如現れた開けた景色に心を奪われたのは束の間のこと。ハイキングは終わらない。目の前には第三号トンネルと、その先にある第四号・第五号トンネルが見通せた。風光《ふうこう》明媚《めいび》な人造湖に後ろ髪をひかれつつ、66・7‰を歩く。

この日5本目、全長２４３mの第五号トンネルを抜けたところで、碓氷第三橋梁、通称〝めがね橋〟が視界に現れる。全長91m、高さ31mを誇る4連アーチ橋だ。この橋が建造されたのは１８９２(明治25)年。当時の技術力に感心しつつ、相変わらず勾配のある橋上から31mを感じたくて、地上を見下ろしてみることに。すると、橋の側面にアプトのラックレールを利用したハンガーが並んでいるのがわかった。どう

1912年建設の旧丸山変電所。老朽化に伴い2000年から02年にかけて改修工事が行われた

やらここに電線をはわせていたらしい。

　また、めがね橋からは新線の新碓氷川橋梁が見えた。廃線だという前提で見ると、違和感を覚えてしまうほど、現役感にあふれていた。空にかかるコンクリートアーチ橋は、いつまでも１９９７（平成９）年から時が止まったままなのだろう。

アプトの道の終点・熊ノ平と矢ケ崎を経由して軽井沢へ

　ここまでくると旧熊ノ平駅までは残り１・２㎞。延々と続く勾配にややくたびれてきたものの、終わりが見えたとたんに足取りは軽くなる。続く第六号トンネルに飛び込んだ。

　第六号トンネルは全長が５４６ｍと比較的長い。そのため、工期短縮のためトンネルの途中からも掘ったという。当時の名残が横坑として今も残り、明り取りの役割を担うかたちになっている。

　順調に歩みを続け、ふたたび新線と合流する旧熊ノ平駅に到着した。横川〜軽井沢間の中間地点であり、唯一線路が平らになる場所だ。久しぶりの平坦な道にほっとした。

　ここはヨコカル開業時には列車交換設備の設けられた信号場だった。その後、06（明治39）年に駅へ昇格。しかし新線

❺ 群馬県道56号

群馬の吾妻郡長野原町北軽井沢から同県安中市松井田町坂本までを結ぶ県道。坂本架道橋付近から北西におよそ800m、新線の廃線跡と並行する。現役時は峠を越える信越本線の撮影ポイントでもあった

「廃線跡だ」という予備知識がなかったら、ただの「手入れの行き届いていない線路」と思ったかもしれない

碓氷第三橋梁、通称「めがね橋」。ラックレールを利用したハンガーが並ぶ

右上／1958年に建設された坂本ダムによって形成された碓氷湖
左上／第一号トンネルと第二号トンネルの間にある碓氷第二橋梁
左下／全長243mの第五号トンネル

開業後の66（昭和41）年には再度、信号場に降格した。そのため、「旧熊ノ平駅」ともいえるし、「旧熊ノ平信号場」ともいえる。

旧熊ノ平駅をもって横川から続くアプトの道は終了する。両側を挟むトンネルのうち、軽井沢側は立ち入りが禁止されていて、その先に進むことはかなわない。ちなみに両側のトンネルには旧線時代に突込《つっこみ》線、あるいは押下《おしさげ》線として使われていたものも残っている。旧熊ノ平駅は、ヨコカル125年の歴史が一同に会するような場所だ。

旧熊ノ平駅からは国道へ降りる階段を使い、熊ノ平駐車場へ向かった。廃止後のヨコカルでは、路線バスが運行されているが、このうち1往復にめがね橋や、熊ノ平駐車場に停車する「めがねバス」が走っている。ただしこの日は冬期休業中。そのため、予約しておいたタクシーを利用して軽井沢へ。

途中、タクシーに1カ所だけ立ち寄ってもらった。そこは、かつて矢ケ崎《やがさき》信号場があった場所。信号場時代の設備はほとんど残っていないものの、線路や架線がやはり当時のまま敷かれており、隣を走る北陸新幹線の並行在来線のような姿だ。

そしてヨコカルの終着地、軽井沢へ到着。横川と軽井沢の標高差は552mを誇る。日本有数の片峠の先で待ち受けていたのは、冬の避暑地の洗礼だった。芯まで冷えた。

旧線非電化時代のヨコカル所要時間は約80分、電化時代は約40分だったという。そして新線時代は下り17分、上り24分。帰路、軽井沢を出た北陸新幹線「はくたか」は、ものの10分で隣駅、安中榛名《あんなかはるな》に至った。旧線、新線、そして新幹線。碓氷峠は鉄道の時間軸を、過去から今につないでいる。

❻ 碓氷第三橋梁

アプトの道の碓氷第三橋梁（めがね橋）上からは、新線の新碓氷川橋梁が見られる。めがね橋は国の重要文化財として永続的に保存される一方で、いまだ廃止を知らぬたたずまいの新碓氷川橋梁は、手元の地図にも載っていなかった

過去

撮影／佐々倉 実

左／1963年竣工。建設当時は最大規模のコンクリートアーチ橋としてその名を馳せた　下／めがね橋からみた新碓氷川橋梁の下り線。廃止から20年の歳月は経過したものの当時と変わらぬ姿が見られる

現在

❼ 旧熊ノ平駅

熊ノ平駅時代は、両側をトンネルに挟まれ行き違いの有効長を確保できないことから、突込線のトンネル内に入り、その後押下線に後退するというスイッチバック構造を有する駅だった。新線の複線化を前に信号場へ格下げされている

上／1993年ごろに撮影された、上りの特急「あさま」。ヘッドマークがつけられている。線路は今も残されている

右／現在は立ち入りが禁止されている軽井沢側のトンネル。旧熊ノ平信号場は、アプトの道の終着点だ

❽ 矢ケ崎信号場付近

旧線時代は矢ケ崎信号場と矢ケ崎変電所が位置していた。今は、どちらの面影もない。ロクサンの運転士をしていた碓氷峠鉄道文化むらの丸山さんは「矢ケ崎で発電ブレーキが立ち上がると、安心しましたね」と語っていた

左／横川方面へ向かうジョイフルトレイン「オリエントサルーン」。上りの客車列車はEF63形とEF62形の3重連で運転された

上／左手奥に見えるのが北陸新幹線。廃線跡にもかかわらず、並行在来線のような存在感がある

❾ 軽井沢駅付近

横川方面に延びる線路は、わずかに2本。フェンス越しに眺めることができる。しかしそれも車止めに行く手を阻まれ、すぐに途切れてしまう。ヨコカル現役時代のホームは現在、しなの鉄道のホームとして使用されている

上／現在はしなの鉄道の線路として使用されており、横川側には車止めが設けられている

右／北陸新幹線開業に向けて駅舎の改築が行われているなか、軽井沢駅を発車する特急「あさま」

可部線

広島県

地図研究家が歩く廃線跡

「歩いてみたい廃線跡」として
人気の高いJR可部《かべ》線は、
山あり、川ありの山間部を縫って
景勝地の三段峡《さんだんきょう》へと至る。
変化に富んだこの廃線を、
廃線本のヒット作をこれまで何冊も
出版してきた地図研究家が、
可部線の歴史をひも解きつつ、
遺構を観察しながら歩いた。

文／今尾恵介　撮影／坪内政美　取材／2018年

廃止から14年、住民たちの想いが廃線の復活につながった

　可部線はかつて広浜《こうひん》鉄道という私鉄であった。広島から中国山地を越えて日本海側の島根県浜田を結ぶという意気込み

いまお・けいすけ
1959年、神奈川県生まれ。小中学生のころから国土地理院の地図や時刻表に親しんできた。大学中退後、出版社勤務を経て独立し執筆業をはじめる。空前のヒットとなった『日本鉄道旅行地図帳』（新潮社）を監修。近著に『日本地図の楽しみ』（ちくま文庫）、『地図マニア空想の旅』（集英社インターナショナル）などがある。

可部線DATA

廃止年月日：2003年12月1日　距離：46.2km（可部～三段峡間）

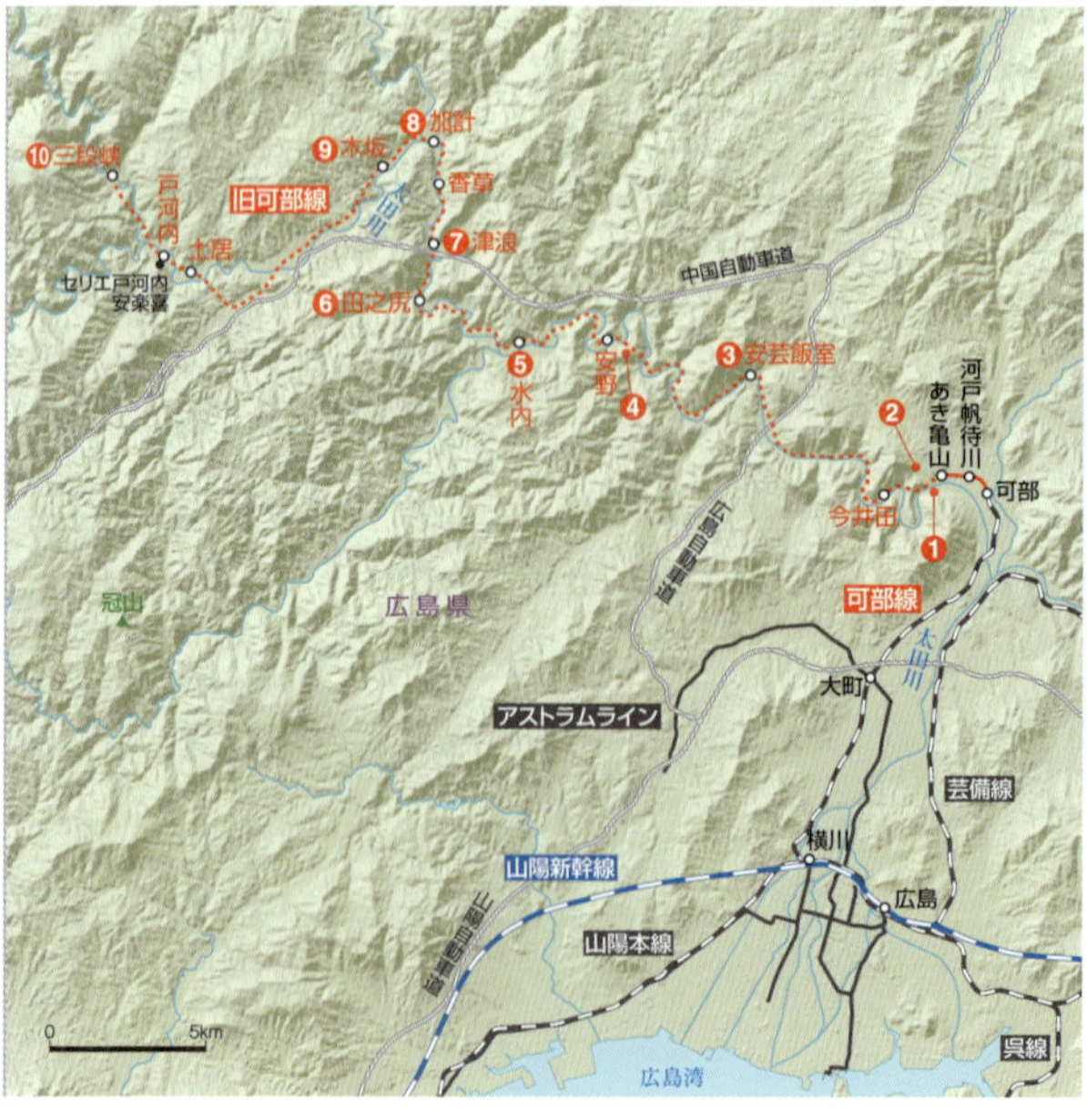

1909年に横川～祇園（ぎおん）間を開業した大日本軌道がその後可部まで延伸、広浜鉄道等を経て36年国有化して可部線となる。69年に三段峡まで開業したが2003年に可部～三段峡間を廃止、17年3月可部～あき亀山間を復活開業した
撮影／牧野和人

が社名に表われていたが、小私鉄が分水界を越えるのは資金的に難しく、〝投資家向けの大風呂敷〟だったのかもしれない。1922(大正11)年の鉄道敷設法別表では「広島県広島付近ヨリ加計ヲ経テ島根県浜田付近ニ至ル鉄道」として予定線に掲げられた路線だ。

五右衛門《ごえもん》風呂を代表とする鋳物工業で古くから知られた可部の町から加計《かけ》までは鉄道省の手で建設が進められていた。しかし日中戦争で中断、戦後に工事が再開されて何回かの延伸を経て69(昭和44)年に三段峡まで延びたが、そのころからのモータリゼーションの影響で県境越えは果たせず、非電化区間であった可部から先(全線の約4分の3)が2003(平成15)年に廃止された。ところが一部区間の復活を望む住民たちの思いは行政とJRを動かし、17(平成29)年に可部～あき亀山間(旧・河戸《こうど》駅の西側)に列車がふたたび走るようになった。廃線の「復活」はJR線としては全国で初のことである。

新しいあき亀山駅から廃線をたどるにあたって、鉄道車両や廃線跡の保存・活用の分野で活躍している森岡誠治さんに案内いただくことになった。子どものころから広島在住で、

横川起点32㎞の安野駅の手前からレールが残り、プラットホーム跡にはキハ58形を保存、一帯は「花の駅公園」として整備されている。桜の季節には花見客でにぎわう

❶ あき亀山駅西

あき亀山駅から少し西へたどると廃止区間のレールや距離標がまだ残っていた。太田川の峡谷への入り口で、少しずつ上り勾配となる

❷ 旧河戸駅(移設)

廃止された旧河戸駅の駅名標と待合所が民家の庭先に移設されている。すぐ北側の長井ふたたびの宮には開業を感謝するメッセージが

自転車で可部線の列車を追っかけていたという、ガイドとしてはこのうえない適任者である。

まず案内してもらったのは「長井ふたたびの宮」。地元の熱意がふたたび列車を呼び戻した象徴的な場所で、古くからの伊勢社をリニューアルした。すぐ隣には河戸駅の駅名標と待合所が移築されている。ずっと太田川沿いをたどる途中で赤れんがの重厚な建物が目についた。1912（明治45）年に広島電燈《でんとう》が設けた由緒ある亀山発電所の建物で、これを今は太田川漁協が事務所として使っている。

地域住民が愛した駅たちは いまも形を変えて活用されている

安芸飯室《あきいむろ》駅は可部線が国有化された36（昭和11）年に最初に延伸された終点で、そのころのものと思われる木造駅舎が残っていた。今はカフェとして、また各種ワークショップの会場として活用されているとのことで、訪れた際も女性が数人集まってトールペイントを制作していた。駅舎がそんな風に役立っているのはうれしい。ホーム側は目の前が棚田で、ていねいに積み上げられた石垣が印象的だ。春になれば背後の山とともに穏やかな新緑に包まれるのだろう。

❹ 旧安野駅付近

まだ橋桁が残る第二太田川橋梁（橋長183m）。周辺は太田川が穿入（せんにゅう）蛇行を繰り返しており、列車は2駅間でこの川を4回渡る。左端は旧加計街道

小河内《おがうち》駅から先は太田川が蛇行をはじめるので、可部線は2つ先の水内《みのち》駅までの間に第一〜第四太田川橋梁を相次いで渡る。ガーダー橋なので車両の足元を含めて列車が全部見えることもあり、格好の撮影ポイントだったという。このあたりは戦後の開通で、安野《やすの》の駅舎は54（昭和29）年開業の鉄筋コンクリート製。横川《よこがわ》起点32キロポスト付近からレールが残っており、駅のホームにはキハ58形が1両、廃止時そのままの風情で保存されている。森岡さんの発案で「生命維持装置」たる電気系統をちゃんと保守しているため、車内灯やヘッドライトなどはもちろん、エンジンも動く状態という。

❸ 旧安芸飯室駅

戦前の終点だった安芸飯室駅は木造駅舎を保存、今はカフェなどとして活用されている。ホーム側には目の前に棚田が広がっている

❺ 旧水内駅

水内駅跡。水内川が太田川に合流する地点で、駅開設時は水内村であったが現在は広島市佐伯区。バス停は難読の久日市（さかいち）

鉄道の車両や施設に詳しい人と、理解ある行政が手を組めばこんなこともできるという証拠である。気動車内はスペースの貸し出しをしていて、構内は「安野花の駅公園」に生まれ変わっており、春にはお花見も楽しめる。

田之尻《たのしり》駅まで来ると周囲に雪が目立つ。ちなみにこの駅の手前で54（昭和29）年当時の国鉄全線が合計2万㎞に達した。駅の待合所には廃止当時の時刻表が掲げられたままになっている。1日8往復で、ほかの地方に現存するローカル線にはこれより本数が少ないのも珍しくない。北側には列車の通らなくなったトンネルがぽっかり口を開けている。

珍しい地名の土地を経て〝終点〟の三段峡へ

その先の砂ケ瀬《ごみがせ》という珍しい読みの地名をもつ集落を過ぎれば、ほどなく中国自動車道の高い橋をくぐって津浪《つなみ》駅跡に至る。今は直売所のような施設だが、地元の産物が売られており、シイタケを土産に購入。駐車場には線路の絵が白いペイントで描かれていた。端々から鉄路への思いがうかがえる。

香草《かぐさ》駅跡には駅名標が遺されているが、地名の由来として、かつて当地の名産である茶の木を移植した際に「香気高き草」

❻ 旧田之尻駅

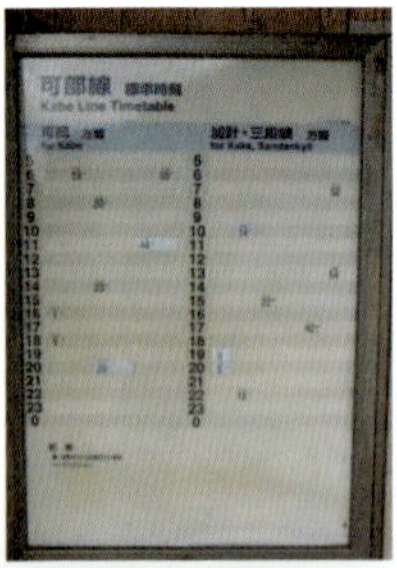

ホームと待合所が残る旧田之尻駅。時刻表が今も掲げられ、駅前の植栽は列車が走らなくなって久しい今も手入れが行き届いている。地域の中心であった証拠だろうか

❼ 旧津浪駅

山津波に由来する地名とされるが、集落はその太田川の太古の旧河道にある。駅跡は地元の産品などを売る「ぷらっとホームつなみ」となった。白いペイント線路の部分が実際の位置

になぞらえたと説明板がある。太田川に立つ川霧が良い味を生むのだという。

百々《どうどう》山という珍しい名の山を右に見て丁《よろ》川を渡れば加計駅跡である。加計は崖地の地名を好字化した典型だ。懐かしいたたずまいの商店が並ぶ旧市街は魅力的である。駅跡には広いスペースに「太田川交流館かけはし」が建つ。ここから国道186号を北上すれば60㎞ほどで島根県の浜田である。

加計から先は私より「年下」の1969(昭和44)年開通なので、線路の施設も線形も軒並み新しい印象だ。踏切もない。高い築堤の上で印象深いロケーションなのが木坂《きさか》駅で、国道からは70数段の階段がまっすぐ築堤を上っており、高いホームからは集落全体が見渡せた。山側は棚田ながらずいぶん以前から放置された印象である。

上殿《かみとの》駅の先に架かる轟《とどろき》橋梁はコンクリート桁が西側で切られていた。勝手に人が渡るのを防ぐためだろうか。土居駅を過ぎて、次の戸河内《とごうち》では家が目立つようになるが、2004(平成16)年までは戸河内町の中心で町役場も駅のすぐ近くにあった。今では旧加計町などとともに安芸太田町の一部だ

❽ 旧加計駅

加計は1878年に山県(やまがた)郡役所が置かれて以来の地域の中心であった。加計駅舎やレールは撤去されて太田川交流館「かけはし」と駐車場になっている。丁川橋梁はショッピングセンターへ通じる遊歩道に

加計駅跡地に残された車庫の中には可部線を走っていたキハ28形が動態保存されている。安野駅のキハ58形とセットで見ておきたい

❾ 旧木坂駅

戸河内方面へ上り勾配が連続する都合から、高い築堤の上に設置された木坂駅。積雪時など地域の住民が階段の雪かきをしたという

戦前に走っていた森林鉄道の細いレールを用いた柵が残っていた。今井田〜安芸亀山(現・あき亀山とは異なる)間

が、この町で最近売り出し中の「つけやき」を昼食にいただいた。

終点の三段峡まではひと駅わずか2・9kmながら、森岡さんは「ここから目立って雪が深くなります」と確信を持って言う。峡谷を抜ける国道を行けば大げさではなく、三段峡駅前の隅の方は吹きだまりになっている。季節はずれで閉まった店の屋根に積もった高さはまさに豪雪地帯であったが、それを抜けた三段峡の入り口の水は雪の中で澄みわたり、その美しさにしばし足を停めた。往時の紅葉のころなどに広島から臨時快速列車が満員の客を乗せて来たというのも納得できる。

ちょっと寄り道

特別名勝・三段峡
（入峡は4月ごろから）

太田川の支流・柴木川に刻まれた深い峡谷で、三段ノ滝などの名瀑や奇岩とともに紅葉や新緑の美しさで知られる。広島県北部の代表的観光地のひとつ。

⑩ 旧三段峡駅

旧三段峡駅は1969年と比較的新しいが鉄筋コンクリート2階建ての駅舎は解体され、跡地には三段峡交流館が建っている。ここから広島市街へは広島電鉄バスが広島バスセンターまで約2時間7分、高速経由は1時間20分程度で結ぶ

数kmしか離れていない隣の戸河内より格段に積雪量の多い三段峡駅跡には雪の吹きだまりも。新緑や紅葉が見事な観光シーズンには多くの観光客が訪れる

遺構やモニュメントが多く残る大都市の中の廃線

宇品線

広島県

廃止から32年、わずかな痕跡をたどる

私たちが日常的に生活する都市や街の中にも廃線跡が人知れず存在している。雑踏の広島駅の片隅からスタートして宇品《うじな》港へ――。失われた鉄道の跡を歩くと、1世紀以上前の戦争の痕跡が色濃く感じられた。廃線跡は私たちにさまざまなことを教えてくれる。

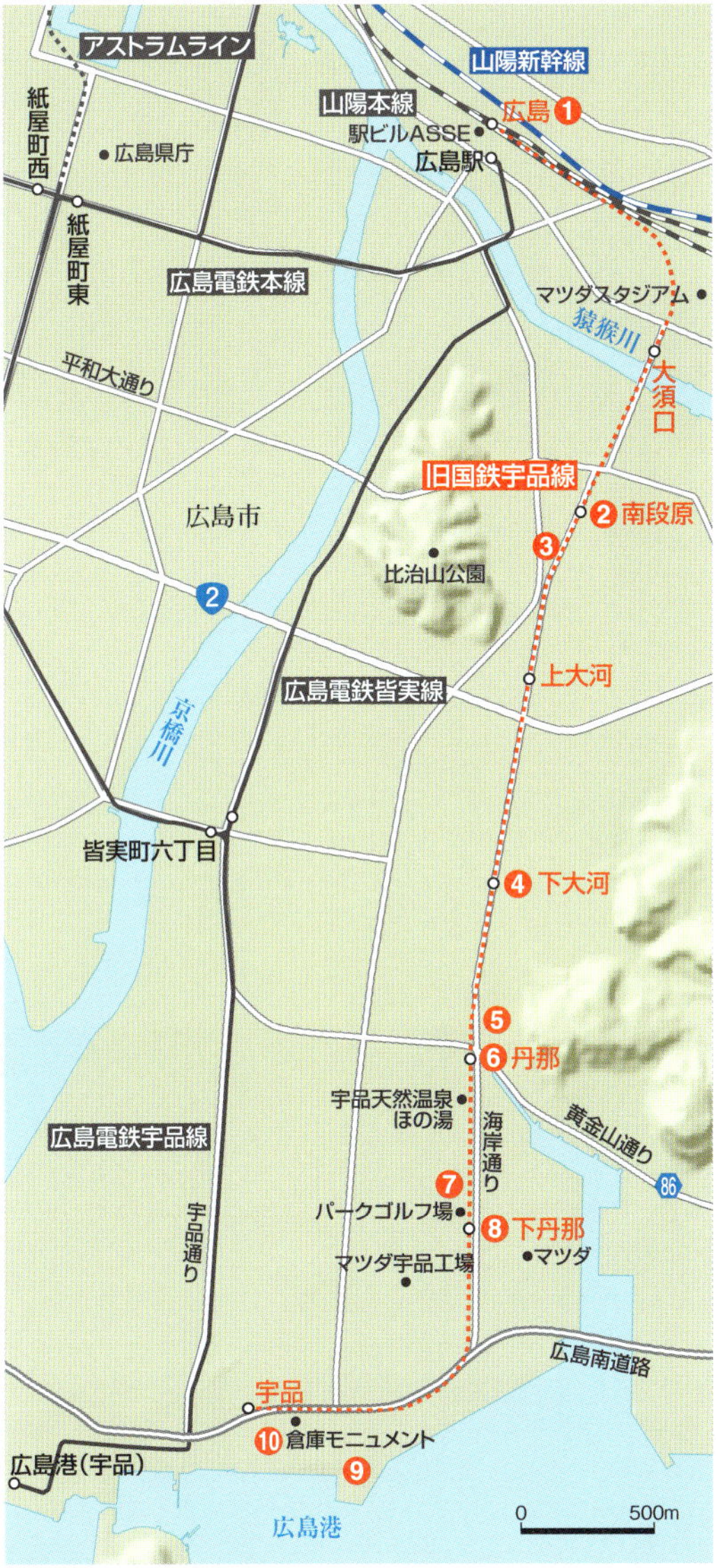

❶ 広島駅0番線ホーム跡

山陽本線の1番線の右手がかつて宇品線の列車が発着していた0番線（筆者の右手）で、線路は少し先で右カーブして南下していた

日清戦争のためにわずか17日間で敷設された路線

宇品線は日清戦争がはじまった1894（明治27）年夏、広島駅から新しいの築港《ちっこう》宇品までの区間を陸軍の要請で山陽鉄道がわずか17日の突貫工事で敷設した路線だ。もちろん戦地へ兵員と兵器などを送るためである。広島駅の1番線ホームの南側がかつて宇品線が発着していた0番線。レールのあった場所は埋められたが、足元に目を落とせば国鉄時代の

❷ 旧南段原駅

段原南第五公園の一角には宇品線広場。レールに載った動輪は同線には関係ない電気機関車のもの。モニュメントとはいえ、ここを走った車両のものと誤解されないよう説明がほしい

南段原駅（広島駅起点1.8㎞）跡地近くには駅名標ふうのモニュメントが設置されている

白い矩形《くけい》の連なりがかつてのホーム端を物語る。古いレールを利用したホームの上屋の骨組みも現役時代のものだ。線路は東向きにスタートして右曲しつつ南下するが、現在は一帯がマツダスタジアムとその通路に変貌《へんぼう》しているのでほぼ跡形もない。

「もうひとつの起点」である広島貨物ターミナル（旧・東広島貨物駅）へ向かった。広島駅の東側に位置するこの駅からも宇品線へ向けて線路が伸びており、いわゆるデルタ線を成

❸ 南段原駅付近

南段原駅跡に設けられた宇品線記念碑。1894年から1986年まで「92年間の健闘に感謝」とある

❹ 旧下大河駅

西旭町集会所の南側、下大河駅跡にできた「ポッポ広場」。この付近は線路跡が道路になっていて廃線の気配はない

❺ 旧丹那駅

広島起点3.8kmの丹那駅跡に近い広島市旭町ポンプ場の前（海岸通りと黄金山通りの交差点北東側）。宇品線モニュメントにはレールと信号機、踏切などが置かれている。ここから南側の線路はずっと海沿いだった

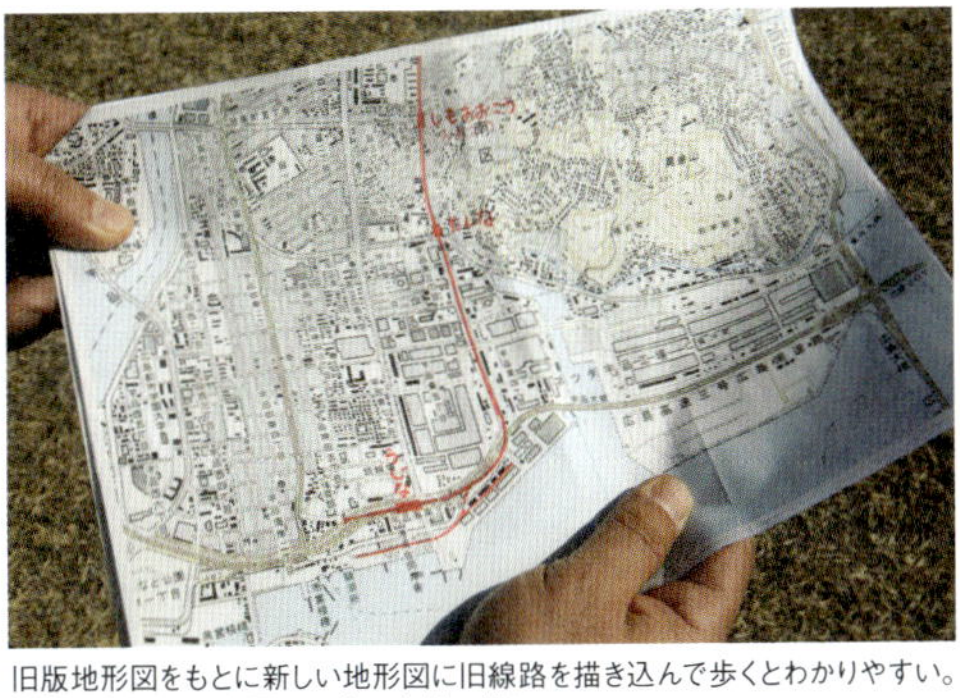

旧版地形図をもとに新しい地形図に旧線路を描き込んで歩くとわかりやすい。市街地での線路位置の同定は意外に難しい

ちょっと寄り道

広島駅チカで味わう広島風お好み焼き

広島への旅でぜひ食べておきたいのが、焼きそばが入った広島風お好み焼き。駅周辺には専門店がたくさんあるので、お気に入りを探してみよう。

していた。山陽本線の下り線が宇品線を跨いでいたガードが今も残っており、下から橋桁を見上げれば「宇品口こ線線路橋」とある。今となっては貴重な遺構だ。

猿猴《えんこう》川を渡ってしばらくの間は区画整理のため線路跡はほぼ残っていない。段原《だんばら》南第五公園には「宇品線広場」と名づけられた一角があり、モニュメントとしてレールの上に電気機関車の動輪が載っていた。ただし実際に宇品線を走っていた動輪やレールではないらしい。

それ以南の線路跡はほぼ道路になっている。西旭町にある下大河《しもおおこう》駅の跡は小さな「ポッポ広場」となっていた。気付きにくいが広場にはタイルで描いた蒸気機関車。地域の人たちと南区役所が協働して広場を作ったと案内板に記されている。黄金山《こがねやま》通りとの交差点北側が丹那《たんな》駅跡で、近くの旭町ポンプ場前にレールと踏切、信号機が保存されていた。

パークゴルフ場など廃線跡の第二の人生

痕跡のわからない丹那駅跡を少し南下するとかつて線路のあった築堤が現われて廃線跡らしさが増してくる。その脇にある「ほの湯」という日帰り温泉で昼食をとったが、多くの

❻ 旧丹那駅

丹那駅跡付近に設けられた説明板。廃止前年の1965年の時刻表によれば同駅を通る列車本数は14往復と意外に多く、呉線の竹原や広からも一部直通していた。丹那駅南側の築堤は花壇になっている

市民で繁昌していた。線路跡は現在の海岸通りの西側で、今は花壇のある遊歩道として整備されている。それぞれの花壇には地元の学校や幼稚園、保育園、町会などの札が掲げられており、春になれば花が咲いて気持ちの良い散歩道になるのだろう。

この先はかつて線路の東側に海が広がっていたはずだ。その上を道の両側に広がる巨大なマツダ工場の連絡橋が跨いでいる。このあたりが下丹那の駅跡で、気動車の写真も掲げられていた。この駅は戦争中に実質廃止されたもので、1937(昭和12)年までは人絹裏《じんけん》と称していた通り、錦華《きんか》人絹の工場の操業開始に合わせて34(昭和9)年に開設されたものである。

ここが最後の途中駅で残りはあと1・2km。宇品線は全長わずか5・9kmに過ぎないが、市内を通るので駅が多かった(晩年には中間駅が5つ)。その先の廃線跡は途中で広島高速道路の高架下に消えていくが、宇品はさすがに歴史の長い港だけあって倉庫などの建物が目立つ。海岸に出ると右手には牛の寝姿に似た元宇品(宇品島)。「牛の島」が宇品島に転訛《てんか》したという。港の一角に小さな食堂があり、入ってみると老

⑦ 旧丹那駅付近

丹那駅の南側から南方を望む。芝の部分がかつての線路跡で、左手は干潟の広がる海であった。現在は両側がマツダの工場

左/丹那付近の築堤下には国鉄時代の境界杭が残っていた。「工」は旧工部省(1885年廃止)にちなむ　右/線路跡地は「宇品パークゴルフクラブ」が利用。コースの整備はクラブ会員が行っている

⑧ 旧下丹那駅

左手にあった錦華(きんか)人絹の工場への通勤客のために「人絹裏」として1934年に開設されたもので、37年に下丹那と改称された

婦人と娘さんの2人が閉店の準備中だった。

お母さんの方は25（大正14）年生まれの93歳、にぎわっていたころの昔話をしてくれた。今は公園になっている目の前にはトラックが荷卸しをするためズラリと停まっていて、朝からたくさんの運転手が食べに来たという。多い時にはご飯を20～30升も炊いたというから驚く。今はせいぜい2升。店を出したのは戦後だが、この場所は陸軍の運輸部の構内で、兵隊さんたちはここから外地へ行ったそうだ。もちろんこの線路そのものが日清戦争の兵員・兵器輸送のために敷設されたのだから当然である。お嬢さんは東洋工業（現・マツダ）にお勤めのころ、宇品線の貨物列車で自動車を運んでいたのを覚えているという。

広島港停留場から、かつて西鉄福岡市内線で活躍した広島電鉄の連接車3000形に乗って中心地へと戻った

❾ 旧宇品駅付近

宇品波止場公園の陸軍桟橋跡のモニュメント。巨大クルーズ船などの見学ポイントとしても知られる

宇品駅跡にほど近い1万トンバースには大型の貨物船が出入りしている。後方に見えるのは日本郵船の自動車運搬船Canopus Leader。港に近い迫田食堂で宇品線ありしころのお話をうかがった

❿ 旧宇品駅付近

宇品には広島陸軍糧秣支廠（りょうまつししょう）倉庫が置かれた。兵士・軍馬の食糧を調達・補給する機関で、1910年に設けられたれんが造りの建物の一部を「被曝建物」として保存している

地図研究家・今尾恵介が指南する

廃線を地図で読み解く方法

廃線の〝余生〟の姿はいろいろ 地図を手に推理を楽しもう

多くの廃線跡は一般道もしくは自転車道、遊歩道などに転用されていることも多く、周囲に比べて緩いカーブの道には注目。築堤だけが残っていることもあり廃線の〝余生〟の姿はいろいろだが、それらしい暗渠《あんきょ》の遊歩道を廃線と誤認することもあるので要注意。宅地や駐車場になっている場合は空中写真で判明することもあるが難易度は高い。

線路跡を正確に特定するには鉄道が現役だったころの地形図が必須で、明治期から現在に至る地形図が閲覧できる国土地理院および同院各地方測量部など（札幌・仙台・東京・富山・名古屋・大阪・広島・高松・福岡・那覇）へ出向くのが最もおすすめ。また埼玉大学・谷謙二氏によるHP「今昔マップ on the web」はグーグルマップが同画面で同期して動くので現在との比較をするには便利だ。

昨今では旧版の地形図がなくても、鉄道が現役時代の空中写真を国土地理院のサイトで閲覧できるのでお見逃しなく。多くの鉄道路線がどこかの時代には写っており、その中から解像度が高く縮尺の大きなものを現在の地形図と比較すれば線路を特定しやすい。空中写真での線路と道路の区別は慣れればわかるようになるので、気になるエリアの地図を確認してみよう。

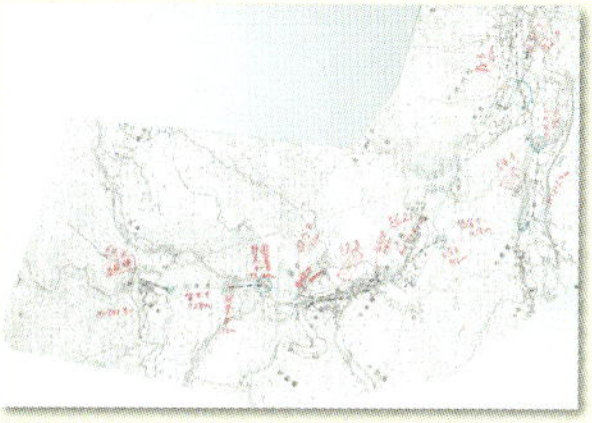

今回の探訪に持参した旧版地形図のコピー。移動中の利便性を考えて屏風折りにした。屈曲した路線でも折り方を工夫すればコンパクトになる

現在

廃止から30年、廃線敷は道路や高速道路の高架下に呑み込まれた

右の図に比べると大幅に海の面積が小さくなったが、その埋立地の大半がマツダ宇品工場で占められている。廃線敷の一部は広島高速道路の高架に呑み込まれ、水面は埋め立てられて競輪場も。廃線ルートは道路に転じた区間も多いが、必ずしもそうではない。空中写真と対照しても正確なところが判別できなければ、現地の昔を知る人に尋ねてみることがおすすめ。思いがけないエピソードが聞けたり、それが廃線歩きの醍醐味（だいごみ）でもある。

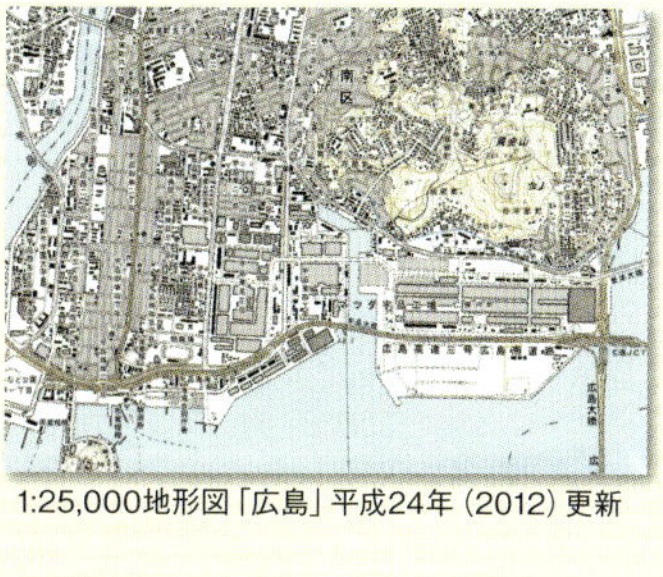

1:25,000地形図「広島」平成24年（2012）更新

昔

昭和32年、宇品線は干潟の広がる海沿いを走っていた

61年前の1957（昭和32）年の地形図。丹那駅以南の線路東側は干潟の広がる海で、線路から東側に丹那、楠那、日宇那の「那」つき集落がいずれも海沿いにあった。西側を南下する電車通り沿いには市街が発達しているが、まだ田んぼも点在している。図の記号は時代により少しずつ異なるが、基本的に共通なので誤解の心配はあまりないだろう。当時の線路の西側にあった巨大工場が東洋工業（現・マツダ）だったか否か、調べてみると興味深い。

1:25,000地形図「広島」昭和32年（1957）資料修正

アンドロイドのお姉さんSAORIの

熊延鉄道　今昔さんぽ

1912(大正元)年から1964(昭和39)年まで南熊本駅から砥用駅間を走っていた熊延《ゆうえん》鉄道。

かつて熊本から宮崎県延岡までを目指したことが名前の由来だという。

まだ肌寒さのある春のはじめ、トンネルや橋梁橋脚の残るこの廃線跡をたどり歩いてみた。

文・撮影／SAORI

SAORI（さおり）
大阪府出身。「アンドロイドのお姉さん」としてフリーランスで活動中。2017年に行われた東京ゲームショーでアンドロイドのパフォーマンスをし、SNSで話題になった。著書に『散歩するアンドロイド』（KADOKAWA）、『最長片道切符鉄道』（イカロス出版）。

熊延鉄道を支えた橋脚は
深い森の中で、ひっそりと佇んでいた

今

第一津留川橋梁橋脚

熊延鉄道の有名な遺構である八角トンネルから400mほど先に進むと現れる橋脚。かつてこの橋脚が蒸気機関車やディーゼルカーの往来を支えていた。この地に鉄道が走っていたことを知らなければ、これが橋脚だとはわからないだろう。

昔

写真提供／熊本バス株式会社

幻の鉄道の足跡を辿る今昔さんぽ

熊延鉄道とは今から半世紀以上も前に熊本県に存在していた鉄道路線である。

今回はそんな熊延鉄道の廃線跡を辿っていこうと思う。

旅のスタート地点は南熊本駅。趣のある木造駅舎が立つこの駅が、かつての熊延鉄道の始発駅だったのだ。ただ、当時の面影は無いに等しかった。

私が見つけられないだけかと思い、駅員さんにそれとなく「この辺りに昔、熊延鉄道が走っていたんですよね」と聞いてみると「かなり昔の事だから、もう何も残ってないよ」と。

今なお残る熊延鉄道の痕跡を見に行くには南熊本駅からバスに乗って向かう必要がある。

駅前のバス停から出ている熊本バスは熊延鉄道なき後、沿線住民の公共交通を担ってきたのだそう。

1時間弱バスに乗り続け、ようやく目的地近くのバス停に到着した。

そこから森の中を進んでいく

今

八角トンネル

落石除けとして設置された八角トンネル。トンネルといっても7つのコンクリートの構造物が連なる形となっており、間が空いているため落石除けとしては完全とはいえない。その理由は建設費削減のためとする説が有力だとも言われているが、八角形にした理由も構造も含め謎が多い。

昔

写真提供／熊本バス株式会社

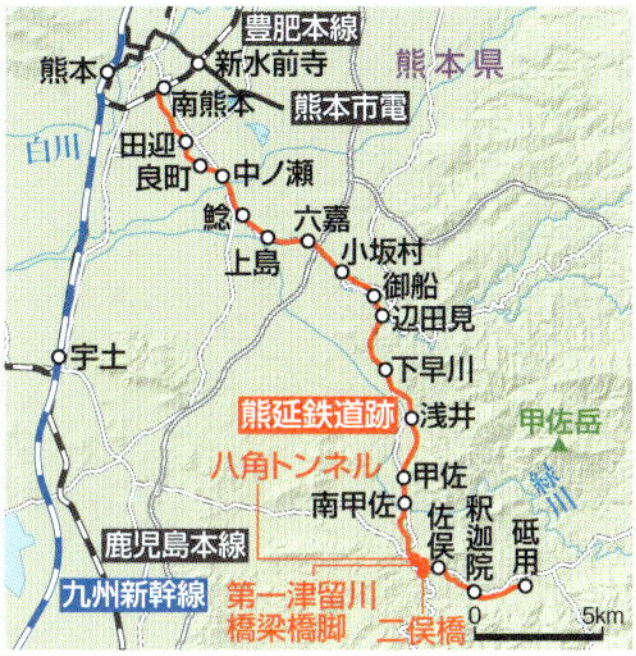

「恋人の聖地」!? 二俣橋

八角トンネルから歩いてすぐの場所に位置する二俣橋。二俣橋は江戸時代1829年に架橋された歴史ある橋。毎年10月～2月の11：30から約30分間、太陽の光が橋の下にハートの型を写し出すことが話題になり、2011年に「恋人の聖地」に登録された。熊延鉄道散策の際はあわせて訪れたい。

と突然奇妙な建造物が現れた。

これこそが今回の旅のハイライト、八角トンネルである。トンネルと言われているが中で繋がっているわけではなく、7つのコンクリートが等間隔に並んでいる。

その不思議な佇まいは、さながら異世界の入り口のよう。これが鉄道遺構と知らなければ「誰が、何の為に」と驚いてしまう。

その後30分ほど撮影していたが、その間誰も来なくて少し怖くなった。

トンネルを抜け森を進んでいくと再び謎の建造物が。川のすぐ側に巨大なコンクリートの柱が何本も立っているのだ。

これは当時の橋の橋脚だった部分。レールは撤去されているが柱だけは50年以上も放置されていた。

深い森の中、誰の邪魔にもならずずっとこのままになってきたのだろう。同じ鉄道が走っていた場所でも半世紀という月日の中で変わってしまったものと一方、忘れ去られてしまった場所。その歪なグラデーションが熊延鉄道の廃線跡にはあった。

メイプル耶馬サイクリングロード

大分交通耶馬溪線跡を走る

メイプル耶馬サイクリングロード（大分交通耶馬溪線跡）の
シンボル・第二山国川鉄橋。緩やかなカーブが美しい

大分県中津市を走る「メイプル耶馬《やば》サイクリングロード」は、国内トップランクの人気サイクリングコースとして知られている。山国《やまくに》川の清流に沿う20kmあまりは大分交通耶馬溪線の廃線跡そのもので、長い鉄橋や多くのトンネルに切通し、ホーム跡などの〝車窓〟を満喫できる。

文・撮影／武田元秀　写真提供／中津市観光課

大分交通耶馬溪線廃線跡（メイプル耶馬サイクリングロード）MAP

手軽なレンタサイクルが充実
乗り捨てOKで多彩な〝鉄旅〟も

1975（昭和50）年まで、中津から守実《もりざね》温泉への36・1kmを、大分交通耶馬渓線（旧・耶馬渓鉄道）の列車が走っていた。廃線跡は82（昭和57）年にサイクリングロードとして整備され、洞門《どうもん》駅跡付近から上流部20km以上が、ほぼそのままの姿で再利用されている。

レンタサイクルは自転車専用道起点の「青の洞門サイクリングセンター風水園」中間点の「耶馬渓サイクリングターミナル」と「道の駅 耶馬トピア」、終点の守実温泉「やすらぎの郷やまくに」の4カ所に用意されている。貸し出し場所相互の乗り捨てOKの貸し出し場所もあり、片道のみの走行も可能。守実温泉からは久大本線の日田《ひた》駅への路線バスも運行されているので、身ひとつで変化に富んだ九州中部の〝鉄道旅ルート〟も組める。

❶ JR中津駅

大分交通耶馬渓線の列車は、現在の南口側の日豊本線高架下付近にあったホームに発着していた

❷ 厚ヶ瀬《あつかせ》トンネル

野路～洞門間に造られ、一号（長さ25ｍ）・二号（32ｍ）が連続する。いずれも国の登録有形文化財になっている

❸ 青の洞門（競秀峰《けいしゅうほう》の景）

曹洞宗の僧・禅海が資金を集め、人力で30年以上かけて1750年に掘り抜いたという。菊池寛が小説『恩讐の彼方に』のモチーフとした。

❹ 耶馬渓

江戸期の文人・頼山陽（らい・さんよう）が命名した、山国川上流から中流にかけての渓谷。写真は耶馬渓線跡・旧曽木トンネル付近の風景。

かつて耶馬溪線の列車が発着していた中津駅南口から、大交北部バスの日田行きで青の洞門停留所下車。対岸の風水園から守実温泉乗り捨てとして電動アシスト付き自転車を借り、国道212号から右手に分岐する廃線跡に入る。しばらく走るとサイクリングロードは山国川のほとりに近付く。このあたりの旧曽木トンネル付近だけが実は〝新線付け替え区間〟で、廃線跡は一段高く、クルマも走る地元住民の生活道路として使われている。

冠石《かぶし》野《の》駅跡ではサイクリングロードのスペースが広がり、駅名標や説明板も復元されている。花は散ってしまっていたが、左右は桜並木だった。冠石野〜耶馬溪平田間は廃線跡に

ちょっと寄り道

「道の駅 耶馬トピア」の洞門そば

メイプル耶馬サイクリングロード・青の洞門入り口の対岸にある「道の駅 耶馬トピア」（☎0979-52-3030）は、本耶馬渓産のそば粉を自前の石臼を用いて、挽きたて・打ちたて・ゆでたての「洞門そば」が味わえる。ここで出発前の腹ごしらえをしておこう。

⑤ 耶馬渓橋

洞門駅跡近くに架かる日本一長い116mの石橋（道路橋）で、1923年完成。8連アーチは日本唯一で、羅漢寺橋、馬溪橋とともに耶馬三名橋と呼ばれる。

戻り、川沿いの擁壁や斜面側の石垣、緩やかにカーブする細い路盤など、鉄道だった時代の名残を十分に感じさせる。途中には短い鉄橋もあり、橋桁は当時のもののようだ。

ロードはやがて山国川から離れ、里山の風景に入る。田んぼを貫いて一直線に延びる低い築堤もまた、いかにも廃線跡らしいたたずまいだ。青の洞門から30分ほどで、耶馬渓平田駅跡に着く。千鳥配置の対向式ホームの石積みや修築された駅舎も残り、主要な交換駅だった様子をいまに留めている。サイクリングロードはずっと上りの片勾配だが、それほど

❻ 冠石野駅跡

旧構内に立つ案内板には桜の時季の風景と、キハ102「かわせみ」、キハ603「かじか」の写真が掲示されている

❼ 岩《がん》洞《どう》山《さん》の景

冠石野～耶馬溪平田間の景勝地。岩峰が観音菩薩（かんのんぼさつ）に見えることから、補陀落（ふだらく）岩と呼ばれる。

❽ 耶馬溪平田駅跡

1914年に城井駅として開業、25年に耶馬溪平田駅と改称、71年に廃止された。87年に旧駅舎がサイクリングロードの休憩所として整備され、案内板には当時の交換風景の写真も掲示されている。

⑩ 第二山国川鉄橋

2012年の豪雨で流出した一部の橋脚と橋桁も14年、以前とほぼ変わらぬ姿に修復された。川のほとりの展望スペースには現役時の写真も。

⑨ 机トンネル

最長のトンネル。

きつくは感じない。子どもでも十分楽しめそうだ。耶馬溪平田から津民《つたみ》にかけては左右に山が迫ってきて、ロードは長さ131mという机《つくえ》トンネルに突入する。内部はカーブしていて先は見通せないが、頭上にずっと照明灯が設置されているので不安はない。

鉄橋とトンネル、切通しを経た終着駅には温泉が待っていた

城井《きい》トンネル（61m）を抜けると風景が一気に広がり、メイプル耶馬サイクリングロード、そして耶馬溪線時代も沿線のシンボルだった第二山国川鉄橋が目前に迫る。上流右手に向かって緩やかにカーブを描き、清流をまたぐ鉄橋は沿線最長の110m。真っ赤な橋桁を10基の橋脚が支えている。2012（平成24）年7月の九州北部豪雨で一部が流出したものの、2年間にわたった復旧工事によって美しい姿を取り

⑫ **切通し** 江渕〜中摩間には、深く削り込まれた切通しが連続し、“壮絶”ともいえる風景を形づくっている。

⑪ **耶鉄柿坂〜下郷間** 川沿いや里山の風景を走る区間など、耶馬溪線の廃線跡は何度も表情を変える。その多彩さも大きな魅力だ。

戻した。

第二山国川鉄橋を渡り、耶鉄柿坂《やてつかきさか》駅跡を過ぎると間もなく、中間点の耶馬溪サイクリングターミナル。途中で写真を撮ったり説明版を熟読したりしてきても、1時間半ほどで到着した。ロード内唯一の自動販売機で飲料を買い、のどをうるおす。

「新緑もいいけど、紅葉の時季も素晴らしいですよ。またぜひいらっしゃい」

ほほ笑む管理人さんに見送られ、残り10・8㎞に挑む。下郷《しもごう》駅跡までの間には5つのトンネルが連なり、江渕《えぶち》駅跡の先には深い切通しが続くなど、山岳路線のイメージが漂ってくる。中摩《なかま》・白地《しらじ》駅跡のホームは、どちらも民家の土台に。宇曽《うそ》駅跡を過ぎると、ロードは深い緑の森に分け入る。小さな滝を眺め、視界が広がったところが終点になる。守実温泉駅跡へは、さらに一般道を経て500mほど。広い駐車場の片隅に建つ「中津市しもげ商工会山国支所」付近にホームと駅舎があった。

やすらぎの郷やまくにで自転車を返却。弱アルカリ性単純泉の軟らかな湯が約20㎞・3時間の廃線跡をたどってきた、両脚のわずかな張りをほぐしてくれた。

メイプル耶馬サイクリングロードに関する問い合わせは、中津耶馬溪観光協会（☎0979-64-6565）、または中津市観光課（☎0979-62-9035）へ

⑬ 守実温泉駅跡

守実温泉駅跡は広い駐車場になっている。中津方面への廃線跡は右写真奥の総合施設「コアやまくに」に向かって延びていた。バス停は写真左手前にあたる

ちょっと寄り道

「耶馬の森」手づくりハム・ソーセージ

青の洞門入り口近くの「耶馬の森」（☎ 0979-52-3356）は、すべて手づくりのハム・ソーセージの名店。ホットドッグセットでは天然酵母のパンに炭火で焼いたウインナーソーセージが味わえる。たれに４日間漬け込んだ手羽焼きも人気の一品となっている。

第2章

都市にもある廃線めぐり

地方の山間部だけではなく、
東京や大阪など大都市圏にも廃線跡はある。
私たちが普段行き来している道も、実は廃線跡だったりする。
都市の廃線をめぐると、
知らなかった街の歴史を垣間見ることができる。

東京・多摩編

多様な出自を秘めた6路線制覇

東京都の多摩地域北東部には野球場へのアクセスや軍需物資の輸送、貯水池工事など、さまざまな目的で造られた路線の廃線跡が点在している。そのうち合わせて6路線を1日で、鉄道と路線バス、徒歩でめぐってみた。

撮影・文／武田元秀

国鉄中央本線支線 武蔵野競技場線

三鷹駅から武蔵野グリーンパーク野球場への観客輸送を目的に、中島飛行機武蔵製作所の専用線跡を利用して1950年に開業。しかし、翌年からプロ野球は開催されず、列車運行は1年限りだった。

武蔵野競技場線の長さは3.2㎞。現在、そのほとんどが遊歩道として整備されている

線路は三鷹車両センター北側（写真右手）から分岐し、武蔵境からの中島飛行機専用線跡に合流した

日帰り廃線跡めぐり（東京・多摩編）MAP

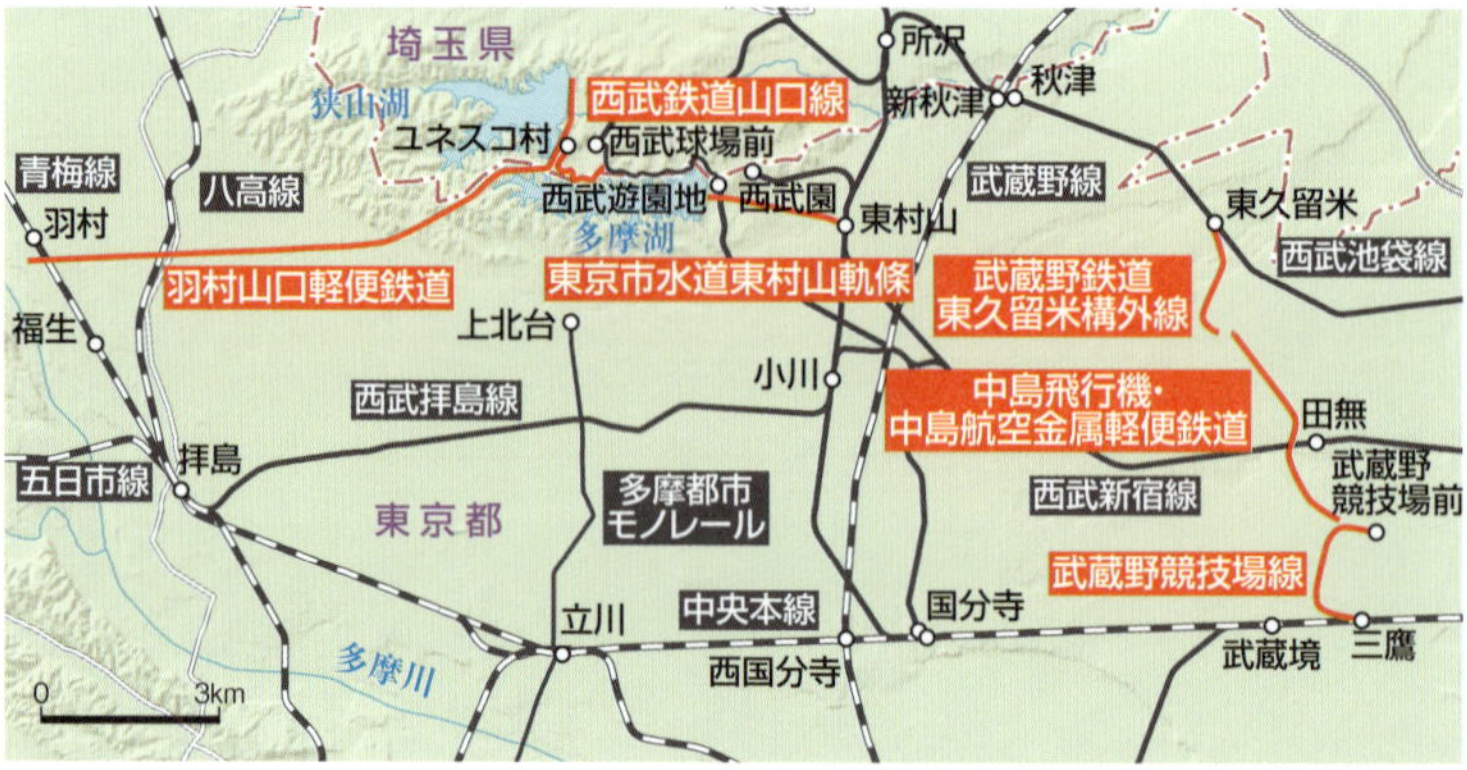

青梅街道（南）側から見た、廃線跡が西武新宿線の築堤をくぐる地点のガード

ガード北側。保谷市公民館の調査でルートはほぼ判明したが、このほかに遺構はない

沿線には旧帝国陸軍「関前高射砲陣地跡」の半円形の敷地が公園として整備されている

武蔵野競技場前駅跡。左奥へ続くマンション群は廃線跡で路線廃止後は国鉄の官舎だった

中島飛行機・中島航空金属専用軽便鉄道

"幻の鉄道"とされ、詳細は伝えられていない。1986年の保谷（現・西東京）市公民館の調査によると、44年頃に旧帝国陸軍の鉄道連隊が敷設したという。

整備された遊歩道をたどり
"幻の軽便鉄道"唯一の遺構へ

廃線跡めぐりの1番目は国鉄中央本線支線武蔵野競技場線。三鷹市内が「堀合《ほりあい》遊歩道」、武蔵野市内が「グリーンパーク遊歩道」として整備されている。緩やかなカーブを描く並木道を20分ほど歩き、玉川上水を「ぎんなん橋」で渡る。2012（平成24）年まで橋台跡のコンクリートがむき出しだったが、その上に歩道橋が架けられ、現在ではよほどのぞき込まないと確認できない。

競技場線の前身となった専用線の終点だった中島飛行機武蔵製作所の跡地は、広大な原っぱの都立武蔵野中央公園に。そこから武蔵野競技場前駅跡に続く道路沿いの、異様なほどに細長いマンションの並びが廃線跡。駅跡は武蔵野市高齢者総合センターにあたる。武蔵野グリーンパーク野球場はその北側、UR武蔵野緑町パークタウンにあった。敷地を

武蔵野鉄道 東久留米構外線

1944年、いまの西武池袋線東久留米駅と中島航空金属田無製造所（現・URひばりが丘パークヒルズの一部）を結ぶために設けられた、全長2.8㎞の専用線。敗戦で廃止された。鋳型造りに必要な砂の運搬が主な目的で、小型の蒸気機関車がトロッコを引いた。

廃線跡は「たての緑地」と名付けられ、地元の人たちの生活道路としても使われている

枕木を再利用したらしい道路端の杭。昭和30年代までは運行時の原形を留めていたという

送電鉄塔部分では道が塞がれるため、そのたび左右どちらかに迂回しなければならない

民家の土台の一部に取り込まれた、廃線の橋台跡（右手下の緑色の草が茂った部分）

囲む道路が楕円《だえん》形になっている。

　最寄りのバス停から路線バスで、2番目の中島飛行機・中島航空金属専用軽便鉄道跡に残された唯一の遺構、西武鉄道新宿線の築堤をくぐる小さなガード（トンネル）へ向かう。青梅街道と西武新宿線がクロスする位置に位置する、ガード下バス停で下車。その真向いにある路地が廃線跡で、わずかにガードのコンクリートがうかがえる。しかし、1945（昭和20）年2月の米軍機による爆撃で、線路は完全に破壊されたという。

　再び路線バスで、URひばりが丘パークヒルズ（ひばりが丘団地）へ。3番目は武蔵野鉄道東久留米構外線。団地北端の東久留米市立南中学校付近から、西武池袋線東久留米駅までの間が、「たての緑地」という遊歩道になっている。遊歩道は東京電力の送電ルートとしても使われている。そのため、頭上にはずっと送電線が被さり、鉄塔に突き当たるた

立ち寄り

西武鉄道の歴史の証人
保谷電留線の保存SL・EL

廃線跡めぐりの途中、東久留米駅から西武球場前駅へ向かう前に、保谷駅に立ち寄った。駅西側の電留線敷地内に保存されている5号蒸気機関車（SL）と11形電気機関車（EL）12号機を見たかったから。今回の廃線跡めぐりでは車両に出合える機会がない。その心残りを満たすためだ。敷地はフェンスで囲まれており、車両も普段シートに覆われているが、まれに姿を現わすことがある。

西武鉄道保谷電留線の北側に保存されているSLとEL（敷地外から撮影）

橋台跡の対岸に残る築堤跡。ここから東久留米駅寄りの廃線跡は、住宅地と化している

「たての緑地」北端近くの西武池袋線踏切。廃線跡とほぼ並行している

駐車場の車止めとして再利用されている古レール

西武鉄道
西武山口線旧線

現在は新交通システム「レオライナー」として西武遊園地〜西武球場前間を結んでいるが、1976年まで762㎜軌間で、遊園地前〜ユネスコ村間の運行だった。

遊園地西〜西武球場前間を走る「レオライナー」。軽便鉄道時代より、路盤が掘り下げられている

西武山口線旧線、山口観音裏手の廃線跡。手前左手に延びる階段は、枕木を再利用したものだ

現在の山口線と旧線の分岐点。現在線はベルーナドームの右手へ、旧線は左手に向かっていた

立ち寄り

廃線跡めぐりの締めくくりに

武蔵村山市立
歴史民俗資料館

羽村山口軽便鉄道廃線跡トンネル群入り口の横田トンネルから徒歩数分。資料館には市内各所から発掘・収集された遺物や民具などが多数展示されている。地域の歴史が順を追って学べるほか、伝統工芸品の指定もなされている特産の絹織物「村山大島紬」についての展示も充実。もちろん“鉄道のない街にあった”幻の軽便鉄道についての説明もなされている。

分館（住：同市大南3-5-7、☎042-566-3977）は旧帝国陸軍東京陸軍少年飛行兵学校跡地に建ち、戦争の悲惨さや平和の尊さを伝えてくれる。

住：武蔵村山市本町5 - 21 - 1
☎：042-560-6620
開：9：00～17：00
休：第1月曜・第3水曜日（祝日は翌日）、年末年始
料：無料
交：立川バス横田停留所徒歩11分

東京市水道
東村山軽便軌條線

1920年、村山貯水池（多摩湖）建設のため、東村山停車場西口から現場までを結ぶ610㎜の軌道が開通。5t級のSL2両が27年の完成まで資材を運んだ。

東村山駅の南側から村山貯水池方面に向かって延びる「鷹の道」。軌道はここに敷かれた

工事に使われたSL（「東京市上水道拡張事業報告 第4回」所収）所蔵・提供／東京都水道歴史館

びに単線幅の遊歩道は左右に分かれ、迂回を余儀なくされる。目立つ遺構は廃線跡が落合川を渡っていたあたりで、東岸には橋台跡のコンクリートが確認できる。西岸側には比較的規模の大きな築堤跡がそのままの姿で残されている。

最終地点のトンネル群を目指し ひたすら歩いた自転車道

４番目の西武山口線旧線跡最寄りの西武球場前駅（埼玉県所沢市）から、かつての終点だったユネスコ村駅跡まで、ベルーナドームの歓声に背を向けて歩く。しかし、直登できたはずの坂道は閉ざされ、山口観音（金乗院《こうじょういん》）参道から迂回し、廃線跡を歩く。駐車場の車止めに古レール、階段に枕木が再利用されているのが確認でき、車道沿いに続く廃線跡も〝それらしい〟雰囲気を醸し出す。

ただし、廃線跡と並行する多摩湖自転車道に入り込んでしまうと、あとは２km以上先の

武蔵村山市内を一直線に貫く廃線跡の野山北公園自転車道

トンネル群の入り口・横田トンネル。4～9月は7～18時、10～3月は7～17時の通行が可能

廃線跡は全線が舗装され、丘陵地の緑の森の中に延びている

途中の番太池はホタルの生息地として知られ、例年初夏には観賞会も開かれている

赤坂トンネルの内部。長いトンネルだが内部の照明は明るく保たれている

自転車道の終点から赤坂トンネルの出口を振り返る

先にある第5号トンネルは閉鎖され、道は深いやぶに覆われている

東京市水道羽村山口軽便鉄道

1928年、村山貯水池に続いて着工された山口貯水池（狭山湖）工事のため、多摩川の羽村砂利採取場から現場までの12.6㎞で開通した。戦後、米軍横田基地の完成によって一部が失われたが、基地から東側が野山北公園自転車道として整備されている。

遊園地西駅付近まで〝逃げ場〟はない。さらに5番目の東京市水道東村山軽便軌條跡にあたる都立狭山《さやま》公園を経て西武園駅まで。西武球場前駅から歩いた距離は、合わせて7㎞を超えた。

電車と路線バスを乗り継ぎ、東村山ふるさと歴史館・東大和市立郷土博物館で鉄道関連の展示を確認。6番目となる、東京市水道羽村山口軽便鉄道廃線跡の自転車道入り口・横田トンネルの前に立った頃には、日も傾きかけていた。少々疲れはあるものの、都内で4つものトンネルを抜けられる変化に富んだ〝車窓〟を眺めるのは面白かった。

廃線跡めぐりのルート

JR三鷹駅……（国鉄中央本線支線武蔵野競技場線・武蔵野競技場前駅）……武蔵野営業所バス停――ガード下バス停（中島飛行機・中島航空金属専用軽便鉄道）――中原小学校バス停……（武蔵野鉄道東久留米構外線）……東久留米駅＝＝保谷駅＝＝西武球場前駅……（西武鉄道西武山口線旧線）……西武園駅＝＝東村山駅……（東京市水道東村山軽便軌條）……東村山ふるさと歴史館……鷹の道……東村山駅――奈良橋バス停……東大和市立郷土博物館……郷土博物館入口バス停――上北台駅――横田トンネル前バス停……（東京市水道羽村山口軽便鉄道）……武蔵村山市歴史民俗資料館……横田バス停――JR立川駅

＝＝ 鉄道
―― 路線バス・コミュニティーバス
…… 徒歩

自然と歴史に触れる「廃線トレッキング」コース

京都から大津へ、逢坂関《おうさかのせき》を越える旧東海道本線・京阪電気鉄道京津線《けいしん》の廃線跡めぐりと、トレッキングコースとしても大人気の福知山線旧線跡、両方をめぐるぜいたくな日帰り旅。1日で回るには時間と体力を要するが、どちらか一方でも大満足の人気コースだ。

撮影・文／藤原 浩

JR関西本線 旧奈良駅舎

1934年に建てられた旧奈良駅舎。国際観光都市の玄関駅らしく、寺院風の和洋折衷様式で建てられ、2003年まで利用されていた。曳家（ひきや）工法によって北側に30m移動のうえ保存され、現在は奈良市総合観光案内所として活用されている。

JR奈良線 稲荷駅ランプ小屋

1879年の稲荷駅開業と同時に建てられたランプ小屋。開業当時は東海道線の駅であり、1921年に新線に切り替えられるまで、優等列車が行き交う大幹線の灯火を守っていた。現存する国鉄最古の鉄道遺産として、準鉄道記念物に指定されている。

京阪神の二大人気廃線跡を1日でめぐる充実日帰り旅

大阪駅から大阪環状線、大和路線《やまとじ》と乗り継いで、まずは奈良駅へ。駅前広場に旧奈良駅舎が保存されている。堂々たる外観は見事だ。駅舎内も観光案内所として活用され、カフェも入居している。コーヒーを飲みながら、まずは今日の行程を再確認しておこう。

奈良駅から奈良線の京都行きに乗り、伏見《ふしみ》稲荷《いなり》大社の最寄り駅である伏見で下車。イン

旧江若鉄道線
大津絵の道の橋梁

三井寺駅の近く、琵琶湖疏水に架けられた「大津絵の道」の橋。橋げたこそ新しいが、橋台部には江若鉄道時代のレンガ積みがそのまま残されている。往年の江若鉄道線は湖西路をさらに北上して近江今津まで通じていたが、1969年に湖西線建設のため廃止されている。

大谷駅近くに立つ「逢坂山とんねる跡」の碑。西側に出口跡は残っていない

旧東海道本線
旧逢坂山トンネル東口

鉄道記念物に指定されている、全長664mの旧逢坂山トンネルの東口。上部の扁額（へんがく）の「楽成頼功」の文字は開業当時の太政大臣・三条実美（さんじょう・さねとみ）の揮毫（きごう）によるもの。現在は京都大学の地震測定の施設として使われているが、見学は自由。また経済産業省の近代化産業遺産にも認定されている。

バウンドによる参拝客の激増により、毎日がお正月のようなにぎわいを見せる伏見駅だが、上りホーム脇にひっそりと建つ赤レンガの建物こそ、日本最古の鉄道遺産ともいわれるランプ小屋である。1879（明治12）年の開業当時、伏見は旧東海道本線の駅であった。当時の技術では東山山地をまっすぐ越えることができず、南に大きく迂回して建設されたからである。

ここから、旧東海道本線の廃線跡をたどってみたい。京都経由で山科《やまなし》に出て、京阪電鉄京津《けいしん》線に乗り継ぐ。大谷駅で下車し、目の前の蝉丸《せみまる》神社の裏手には「逢坂山とんねる跡」の碑が立つ。その直下を名神高速道路が抜けているが、実は廃線跡の大半が名神高速に転用されているのである。さらに旧東海道を歩いて逢坂関跡を越えると、逢坂山トンネルの東側坑口が残っている。1921（大正10）年に現在の新線に切り替えられるまで、この

旧江若鉄道線

大津絵の道

大津絵は江戸時代、東海道を往来する旅人の土産物として描かれた絵で、仏画に世俗的な題材を加えて描かれた。江若鉄道線の廃線跡の遊歩道には、その大津絵をあしらったモニュメントがいくつも飾られている。江若鉄道の歴史については、大津市歴史博物館で詳しく紹介されている。

東海道本線開業当時の大津駅だったびわ湖浜大津駅。現在は京阪電鉄の2路線の接続駅である

右／大谷〜上栄町駅間、逢坂関の跡地には関所が復元され、かつて牛車が通った「車石」が保存されている　左／京阪京津線の踏切付近に残る旧東海道本線橋台跡

トンネルを数々の優等列車が走り抜けていたのである。

　上栄町《かみさかえちょう》駅から京津線に乗り、浜大津駅で石山坂本線に乗り換えて三井寺《みいでら》駅下車。ここから浜大津駅（びわ湖浜大津に改称）までは、かつて湖西《こせい》路を駆け抜けた江若《こうじゃく》鉄道線の廃線跡が遊歩道になっている。遊歩道は浜大津までゆっくり歩いても10分ほど。遊歩道は「大津絵の道」と名づけられ、大津絵のモニュメントが数多く飾られている。

　浜大津駅から京阪石山坂本線で膳所《ぜぜ》駅へ。浜大津〜膳所間はかつて旧東海道本線の一部として開業した区間であり、膳所駅が一時期「大津駅」を名乗っていた時期もあった。ここで旧東海道本線の廃線跡めぐりを終え、福知山線の廃線跡へ向かおう。

　東海道本線で大阪駅へ、さらに福知山線に乗り換えて生瀬《なまぜ》駅で下車する。駅舎内には福知山線の廃線跡めぐりの地図が置かれてる。

左／遊歩道中で唯一、トラス構造がそのまま残る第二武庫川橋梁。足元は安全に歩けるよう改修されている　下／遊歩道として整備され、廃線跡の入口には注意事項が掲げられている。トンネルや鉄橋が健在で、ほとんどの区間でバラストや枕木も残っている

JR福知山線廃線敷　生瀬・西宮名塩～武田尾

全長約4.7㎞におよぶ廃線跡ハイキングコース。途中に6つのトンネル、3つの橋梁を通過する。長らく立ち入りが禁じられていたが、2016年に整備が終わり一般開放された。ウォーキングコースとして人気が高く、桜や紅葉のシーズンには大勢の行楽客でにぎわう。

落石注意の看板。廃線跡歩きは自己責任で

福知山線は今でこそ電車特急が行き交い、通勤路線化された幹線だが、近代化の歩みは遅く、国鉄末期まで非電化のままであった。その近代化を阻《はば》んでいたのが宝塚～三田《さんだ》間の山間部で、86（昭和61）年に生瀬～道場《どうじょう》間が複線電化の新線に切り替えられ、全線電化が完了している。

このとき廃線となった区間のうち、生瀬～武田尾《たけだお》間の４・７㎞が、遊歩道として整備され、人気コースとなっている。廃線跡の入り口までは生瀬駅から徒歩で20分ほどかかるが、案内板が各所に設けられているので、道に迷うことはない。また「丹波路快速」の停車駅である西宮名塩《にしのみやなじお》からも歩くことができる。

廃線跡の遊歩道自体は川の渓谷に沿い、レールこそはがされているものの枕木が残り、トンネルや橋梁も随所に残されている。道はおおむね平坦で、危険な箇所も特にない。ただ枕木やバラストが残っているため歩きづら

1986年の新線切り替え時に移設された武田尾駅。ホームの大半がトンネル内にある

神戸電鉄神鉄道場駅
国鉄有馬線廃線跡

1943年に廃止された国鉄有馬線の廃線跡。神鉄道場駅のすぐ隣を、有馬線が走っていた。また、少し南の有野川には橋台も残っている。しかし、有馬線は廃止から70年以上が経過し、ほかの区間の廃線跡はほとんど明瞭ではなく、終点だった有馬駅も遺構は残されていない。

く、意外と時間がかかるのでプランニングには注意を払いたい。遊歩道に街灯などはなく、とくにトンネル内は真っ暗なので懐中電灯は必須。生瀬〜武田尾間の距離は7・3km、所要時間は健脚でも2時間はかかる。休憩時間込みで最低3時間程度は見ておきたい。

トンネル内にホームがある武田尾駅からは、福知山線で三田《さんだ》駅へ。ここで神戸電鉄三田線に乗り換え、神鉄道場駅で下車する。ここに本日最後の廃線跡となる、国鉄有馬《ありま》線の廃線跡が残されている。

三田〜有馬温泉間を結んだ有馬線は、有馬温泉への行楽路線として15（大正4）年に開業した。しかし、あとから開業した神戸電鉄

有馬温泉の「金の湯」は温泉街の中心にあり、気軽に日帰り入浴を楽しめる

＼湯上がりには有馬サイダー！／

有馬は日本のサイダー発祥の地でもあり、有馬サイダー「てっぽう水」が販売されている

（開業当時は神戸有馬電気鉄道）三田線との競争に敗れ、戦時中の43（昭和18）年に不要不急の路線として運行休止、復活することなく現在に至っている。廃止から80年以上が経っているので、存在自体を知らない人も多いかもしれない。

神鉄道場駅前の掘割こそ、国鉄有馬線の廃線跡。傾いた小さな案内板がなければ廃線跡と気付かないかもしれない。また、少し歩けば橋脚跡も残されている。

こうして廃線跡めぐりを終え、最後は神戸電鉄で有馬温泉駅へ。赤銅色の湯が湧く立ち寄り湯「金の湯」で一日の疲れを癒やそう。帰路は神戸電鉄で三田や神戸に出るか、バスで大阪に帰ることもできる。

美濃・三河の名鉄線跡を訪ねる

愛知県・岐阜県をエリアとする名古屋鉄道は平成に入り、不採算路線を次々廃止するドラスチックな改革を行った。今回は名古屋近郊の美濃《みの》と三河《みかわ》の廃線跡をめぐったが、離れているため効率のよい行程を組んだ。

文／平賀尉哲　撮影／編集部（特記以外）

改札やきっぷ売り場も当時のままで、運賃表なども残されている

旧谷汲駅舎は、姿はそのままで昆虫館を併設した資料館として再活用されている

名鉄谷汲線
1926年に谷汲鉄道が黒野～谷汲間を開業、黒野駅で美濃電気軌道と接続した。44年に名鉄が谷汲鉄道を合併し名鉄谷汲線となったが、2001年に全線が廃止された

谷汲線の終点・旧谷汲駅舎は資料館として再利用

旅の始まりはJR名古屋駅から。谷汲《たにぐみ》線が現役だった頃は岐阜駅前から名鉄岐阜市内線～揖斐《いび》線～谷汲線で行けたが、いまは岐阜駅前からの路線バスもなく、大垣駅で樽見鉄道に乗り換え、谷汲口駅からバスである。谷汲には西国三十三番満願霊場・谷汲山《たにぐみさん》華厳寺《けごんじ》があり、参拝客が多いことから路線バスが出ている。

その旧谷汲駅には、谷汲線を走っていたモ755号とモ514号が静態保存されている。

上／ホームから岐阜方面を望
右／島式1面2線ホームは健在で、かつての隆盛に思いを馳せながら、ホーム跡上に立つこともできる

上／県道40号線に沿って延びている築堤が廃線跡　左／現役時代の写真。路面電車規格の車両が走っていた　撮影／佐々倉 実

1面2線のホームに立つと、かつての日々がよみがえってくるようだ。駅舎には谷汲昆虫館が併設され、さらに旧待合室には谷汲線の資料が展示されている。

旧谷汲駅舎を後に、谷汲線の廃線跡を探してみる。県道40号を旧黒野駅方面へ歩くと、進行方向の左手、田畑の奥に土手が延びている。これが谷汲線の跡だ。レールらしきものは見当たらないが、単線規格の細い築堤の上で路面電車が走っていたことを想像するのは楽しい。

立ち寄り

廃線跡めぐりの締めくくりに

谷汲口駅
オハフ33形客車

樽見鉄道開業とともに国鉄から譲渡された客車である。主に朝の通学輸送に使用されていた。廃車後は谷汲口駅で静態保存されているが、風雨の影響で劣化が激しく、修復が望まれる。

JR岐阜駅前～名鉄岐阜駅前間の片側3車線の道は、横断歩道から奥は片側2車線に狭まる

金色の巨大な織田信長像が輝く岐阜駅前。かつて像の背後に岐阜市内線の電停があった

名鉄岐阜市内線 揖斐線

岐阜市内線は1911年に美濃電気軌道、揖斐線は14年に軽便鉄道として開業した。名鉄と合併後は岐阜の路面電車として活躍したが、モータリゼーションの進展で2005年までに廃止された。

細長い不自然なカーブ。紛れもなくかつての軌道敷だ。いまは駐車場と化している

忠節駅跡地は再開発が進み、住宅が建ち始めている

忠節駅跡は駐車場とショッピングセンターに

JR岐阜駅前で金色に輝く織田信長像に出迎えられて、ペデストリアンデッキを降りてバスターミナルに向かう。駅前から岐阜市内線の路面電車が発車していた。片側2車線の道路であるが、路面電車が走っていたにしては細い。軌道敷に自動車がはみ出しても無理はない構造だなと改めて思った。

バスは徹明町《てつめいちょう》通りを西進し、千手堂交差点から住宅やビルが立つなかを北上する。そしてトラスの曲線が美しい忠節《ちゅうせつ》橋で長良《ながら》川を渡る。この橋は軌道法に準拠する最後の鉄道道路併用橋だった。忠節橋バス停で下車し、早田大通《そうでんおおどおり》1丁目交差点を左に折れると、広い駐車場の中にスーパーマーケットとドラッグストアが建っている。これが3面4線のホームを有し、岐阜市内線と揖斐線の接続駅だったかつての忠節駅の姿である。

国道の真ん中に岐阜市内線は敷設されていた。いかにも道路交通を阻害しているかのようで、路面電車も肩身が狭かったであろう　撮影／牧野和人

立ち寄り

ユニークなパンが魅力

Bakery Dooku

碧南駅近くに、2017年にオープンしたかわいいパン屋。焼きたてパンが並び、なかでもクロワッサンに、注文してから自家製カスタードを入れてくれる「ロングクローネ」が人気を集めている。

長良川を渡る、美しいアーチを描く忠節橋。路面電車が走っていた痕跡はまるでない

一見したところ、レールなど鉄道の遺構はない。しかし、ドラッグストアの裏から早田大通方面へ延びている駐車場は細長く、湾曲しているではないか。まごうことなく早田大通から忠節駅へ延びていた線路跡である。宝物を発見した気分で、旧忠節駅を後にした。

廃線跡がレールパークに生まれ変わった

忠節駅跡からバスで名鉄岐阜駅前に戻り、快速特急に乗って知立《ちりゅう》、そして三河線碧南《へきなん》へ向かう。今でこそ碧南は三河線の終点だが、かつては吉良吉田《きらよしだ》に向けて〝海線〟と称された三河線がまだ延びていた。１９９０（平成2）年に電気運転をやめて軽快気動車（ＬＥカー）運行に切り換えたが好転せず、〝山線〟の西中金《にしなかがね》〜猿投《さなげ》間とともに２００４（平成16）年に廃止された。廃止後は名鉄バスによる「ふれんどバス」が代替運行されている。

碧南市は廃線跡を有効活用すべく08（平成

碧南駅の南側には、吉良吉田方面へ延びていた線路が留置線として残されており、写真の左側は現在整備されている

名鉄三河線（碧南〜吉良吉田）

三河線は1914年に三河鉄道が開業、41年に名鉄と合併した。末端区間の“海線”碧南〜吉良吉田間、“山線”西中金〜猿投間は需要が少なく、レールバス化の後、2004年に廃止された。

2004年に三河線の終点となった碧南は、2019年3月に駅舎が建て替えられた

碧南レールパークは、碧南市が鉄道の想い出を残す目的で整備した公園。地面に線路を模したペイントが施されている

20）年度から、18（平成30）年3月にかけて大浜口〜三河旭間を「碧南レールパーク」として整備、軌道敷は遊歩道に、駅跡は広場に生まれ変わった。さらに21（令和3）年には碧南駅の南側を追加整備し、駅とレールパークがつながった。

旧大浜口は碧南のひと駅先で、約400m南の源氏橋西交差点付近から旧三河旭までの約2・3㎞に遊具のほか、実際に三河線で使用されていたレール・転轍《てんてつ》機・車輪などがモニュメントとして置かれている。旧玉津浦にはホーム、旧棚尾には車両をイメージした休憩所などが整えられた。

市民が鉄道の想い出を大切にしているようで、うれしくなる施設だ。

廃線跡は道路に整備された
西尾線平坂支線

名鉄平坂《へいさか》支線は谷汲線や三河〝海〟線より早い、1960（昭和35）年に廃止された。

かつて名鉄西尾線平坂支線の港前駅があった場所。現在はバス停として使われている

草むした土手にキロポストが立っているのは、ここが廃線跡だと証言しているようだ

碧南レールパークを外れた廃線跡は、宅地開発が進んでいる

この県道をオーバークロスする立派な高架橋はわずか6年で使用が停止された。"海線"のレールバス化の後に完成したため架線柱はない

工場の脇にまっすぐ延びるかつての軌道敷。敷地が広い駅と異なり、細長い線路跡は宅地に転用することも難しいのだろう

吉良吉田のホームは、西尾線3番線ホームと地続きの2番線に蒲郡線列車が停車し、向かいの1番線は使用停止になっている

吉良吉田の西にわずかに延びる線路は、"海線"の跡。いまは留置線として使用されている

西尾線の前身、西尾鉄道が14（大正３）年に開業した平坂支線は西尾から西側へ分岐し、江戸時代、西尾藩の港町だった平坂港に近い港前を結んだ。西尾線が１５００Ｖへ昇圧されると同時に廃止された。

西尾駅からの廃線跡は、鉄道の痕跡は全く見当たらない。そのなかで港前駅跡はバス停に転用され、地面に「バス専用」と記された表示が、ホームを彷彿《ほうふつ》させた。

西尾市内に県道を越える高架橋が残る三河線

西尾市内にも三河線の軌道敷がそのまま残されている区間がある。はっきりわかるのは三河楠～寺津間で県道41号をオーバークロスする高架橋だ。西尾市は西側の寺津大明神交差点で国道２４７号に接続するこの県道に踏切を造ることを避けて、１９９８（平成10）年に約21億円の費用をかけて高架橋を造った。しかし、わずか6年しか使われなかっ

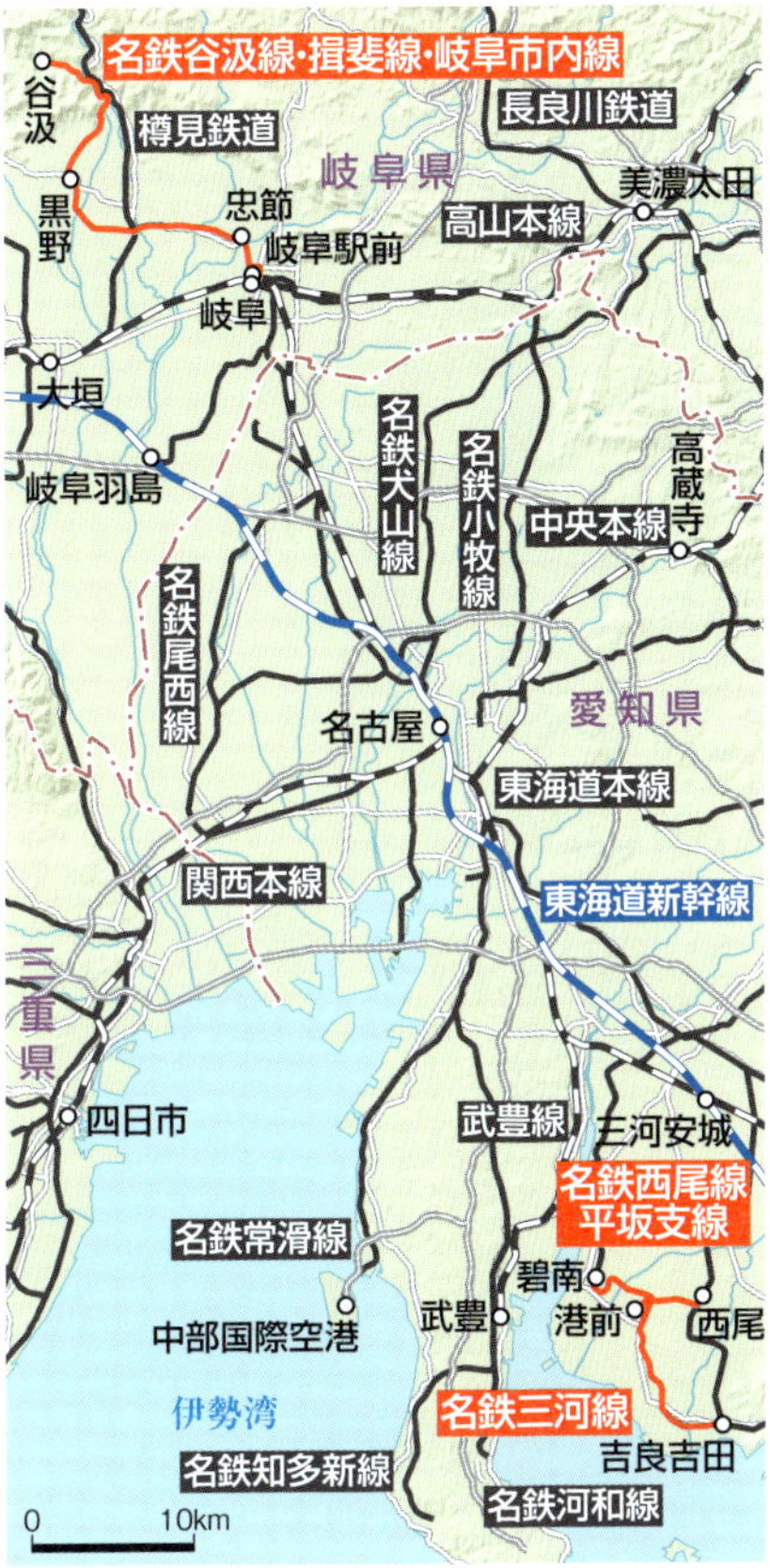

日帰り廃線跡めぐり（名古屋近郊編）MAP

廃線跡めぐりのルート

JR名古屋駅══<東海道本線>══大垣駅══<樽見鉄道>══谷汲口駅……谷汲口駅前バス停――谷汲バス停……（名鉄谷汲線・谷汲駅跡）……結城バス停――谷汲口駅前バス停……谷汲口駅══<樽見鉄道>══大垣══<東海道線>══JR岐阜駅……（名鉄岐阜市内線跡）……名鉄岐阜バス停――忠節バス停……（名鉄岐阜市内線、名鉄揖斐線廃線跡）……忠節橋バス停――名鉄岐阜バス停……名鉄岐阜駅══<名鉄名古屋本線>══知立駅══<名鉄三河線>══碧南駅……（名鉄三河線廃線跡）……碧南駅前――平坂港前バス停……（名鉄西尾線平坂支線、名鉄三河線廃線跡）……寺津二ツ家バス停――吉良吉田駅バス停……（名鉄三河線廃線跡）……吉良吉田駅

══鉄道
――路線バス・コミュニティーバス
……徒歩

たという代物だ。

高架橋はたいへん立派な施設で、廃線跡と知らなければ自動車が走っても不思議ではない。遊歩道とか何かに転用できないものだろうか。何とももったいない。

ここからは国道247号を走る「ふれんどバス」に乗車し、吉良吉田へ向かう。「ふれんどバス」は日中1時間に1往復設定されているので、廃線跡散策には使い勝手もよい。

吉良吉田は三河線と西尾線～蒲郡《がまごおり》線がY字に接続する駅だ。三河線が使用していた相対式の1・2番線ホームは1番線を廃止し、2番線を吉良吉田～蒲郡間折り返しのホームとし、西尾線に直通する列車は通常、2番線と同一平面でカーブを描く3番線に停車する。この2番線から西へ約200m延びている引込線が三河線の跡だ。レールの間に生えた草が、廃線からの年月を表しているようだった。

廃止後に整備された廃線跡を訪ねる

歩ける廃線跡

廃線跡には痕跡の少ない路線もあれば、
遊歩道などとして整備されているケースも多い。
いまを生きる廃線遺産から探訪してみたい路線を探ってみた。

文／植村 誠

復活もうわさされる 北海道最初の鉄道 ｜ 北海道 手《て》宮《みや》線

北海道最初の鉄道として知られる手宮線。小樽港北岸の手宮から札幌を経て幌内《ほろない》に至る官営幌内鉄道（のち国鉄）の一部をなし、1985（昭和 60）年に廃止されるまで 105 年の歴史を刻んできた。2.8km に及ぶ廃線跡の大半が良好な状態で保存されており、一般の観光コースとして紹介される機会も多い。約 1.8km の区間を遊歩道として整備、線路や踏切は現役さながらの姿をみせるが、踏切には「一時停止不要」の文字が……。途中駅の色内仮乗降場が復元されているほか、手宮駅跡にある小樽市総合博物館で往時の鉄道遺産にも触れてみたい。

廃止年月日：1985年11月5日　距離：2.8km

BRTの先輩格として
歴史を刻む

東北 白棚線《はくほう》

鉄道廃止後は路線バスが沿線の足を引き継ぐケースが一般的だが、白棚線はそのなかでもユニークな路線のひとつといえるだろう。白河と磐城《いわき》棚倉《たなくら》を結ぶ白棚鉄道として1916(大正5)年に開業、経営難から国有化されたものの太平洋戦争の戦況悪化のあおりを受け休止し、その後はかつての路盤をバス専用道に転用したバス路線として復活した。現在はジェイアールバス関東の白棚線として運行。途中駅での上下行き違いなど鉄道さながらの情景が見られるが、時代を経て、バス専用道は三森《みつもり》～表郷《おもてごう》庁舎前と磐城金山～関辺間に縮小している。

休止年月日：1944年12月11日　距離：23.3km

途中の一ノ宮公園と八角には100mを超す線路が現存。西寒川には軍需関連工場があった

取り残され失われた鉱山路線　関東　足尾《あしお》線（わたらせ渓谷鐵道）

わたらせ渓谷鐵道には２カ所の廃線遺産がある。一つは間藤《まとう》から延びる貨物専用線の名残。国鉄時代の1987（昭和62）年に休止、第三セクター転換後は未開業扱いのまま廃止された区間だ。いまなお橋梁やトンネル、腕木式信号機などが往時の様子を色濃く伝える。路盤跡は立ち入り禁止だが、併行する県道250号などから姿を捉えることが可能だ。一方、国鉄時代に草木ダム建設を受けて線路が付け替えられた神土《ごうど》（現・神戸）〜沢入《そうり》間の旧線跡も見逃せない。水没を逃れた区間の一部は道路や遊歩道として残り、トンネルや橋台などの遺構も見られる。廃止年月日：1998年6月2日（間藤側）／1973年6月27日（神戸〜沢入）　距離：1.9km（間藤）／7.0km

関東平野の片隅に生きた産業路線　関東　上武《じょうぶ》鉄道

上武鉄道は、八高《はちこう》線の丹荘《たんしょう》を起点に西武化学前までを結んでいた私鉄路線。日本ニッケルの専用鉄道として1941（昭和16）年に開業、旅客輸送を兼ねた時代もあったが、１日３〜４往復程度と細々とした運行であった。元西武鉄道の旧型電気機関車牽引の混合列車の運行など、オールドファンには懐かしい路線のひとつでもある。小さな鉄道ながら廃線跡には遺構が多い。路盤から転じた道路や遊歩道、築堤跡、橋梁や踏切跡の線路を認めることができるほか、寄島停留所跡が駅跡として整備されており、１日散策にもお手軽な路線といえるだろう。

廃止年月日：1986年12月31日　距離：6.1km

意外なところに
遺構が現存!?

関東 九《く》十《じゅう》九《く》里《り》鉄道

九十九里鉄道は、東金《とうがね》線東金を起点に九十九里浜に近い上総片貝とを結んでいた軌間 762mm の軽便鉄道で、現在はバス会社として営業中だ。1926 (大正 15) 年に九十九里軌道として開業、片側運転席の単端式ガソリンカー主体の運行で、夏期には片貝海岸への海水浴でもにぎわったという。廃止後半世紀以上が過ぎ、往時の姿を見つけるのは難しくなっているものの、築堤の痕跡などが見られるほか、片貝小学校と九十九里病院との間に遊歩道「きどうみち」として軌道跡が残る。また、バス停に片貝駅の名が残るのは想像力をかきたてる遺構だ。

廃止年月日：1961年2月28日　距離：8.6km

うたかたの鉄道跡を
路線バスが行く

関東 成田《なりた》鉄道多《た》古《こ》線

『時刻表』巻頭地図を開くと、成田周辺に JR バスの路線網が見られるが、このうち JR 成田～八日市場間を結ぶルートが、成田鉄道多古線の名残りだ。1911 (明治 44) 年に県営鉄道として開業、14 (大正 3) 年には八街《やちまた》線も開業し三《さん》里《り》塚《づか》で接続していた。現存していれば千葉県内の鉄道網はだいぶ違った姿になっていただろう。ともに太平洋戦争終戦前に休廃止され、その後は道路などに転じている。痕跡は多くはないが、最大の遺構は成田山新勝寺の北側、県道 18 号の土屋に残る土屋架道橋跡だろう。JR バス多古線で途中下車をしながら散策してみてはいかが。

廃止年月日：1946年10月9日　距離：30.2km

砂利輸送専用線として誕生した枝線

関東 相模《さがみ》線 寒川《さむかわ》支線

途中の一ノ宮公園と八角には100mを超す線路が現存。西寒川には軍需関連工場があった

相模線寒川駅から相模川に向かって延びていた寒川支線。1923（大正12）年に貨物線として開業し、終点の西寒川は東河原と呼ばれていた。40（昭和15）年に旅客営業が始められたが定着せず、廃止と再開を繰り返したのちに姿を消している。路線、駅ともに地元でも存在感が乏しかったといわれるが、その路盤跡の多くは遊歩道に整備され、往時の道を歩ける。西寒川駅跡など一部に線路が残るほか、途中の一ノ宮公園には車輪がオブジェとして展示されているなど、痕跡は少なくない。道行きは意外と変化に富み、都心に近い点も魅力の廃線跡といえるだろう。

廃止年月日：1988年9月10日　距離：9.7km

大正期に開業した山岳観光鉄道　信州 草軽《くさかる》電気鉄道

名湯・草津温泉と軽井沢との間を蒸気機関車が走っていた。このおとぎ話のような鉄道が草軽電気鉄道で、1915（大正4）年に草軽軽便鉄道として開業、同区間をおよそ3時間半で結んでいた。山岳地帯ながらトンネルを避け、スイッチバックなどで難所を克服。観光地を結ぶことから利用者に恵まれていたという。廃止後半世紀が過ぎたものの、駅やスイッチバックを含む路盤跡、橋脚などの遺構も多い。山深く難所もあるため、現地で実施されているハイキングツアーの利用も検討したい。同区間には草軽交通バスが運行されている。

廃止年月日：1962年2月1日　距離：55.5km

廃線跡がハイキングコースとして復活　信州 篠ノ井線旧線

篠ノ井～塩尻間を結ぶ篠ノ井線は冠着《かむりき》峠をはじめとする山岳難所が多く、開業後も改良が繰り返されてきた。1988（昭和63）年には西条～明科《あかしな》間の線路付け替えが実施されたが、その旧線跡のうち約6kmが「廃線敷遊歩道」として整備され、森林浴を兼ねた史跡探訪コースとしてハイカーらに親しまれている。路盤を再整備したコース上にはキロポストや勾配標、信号機や架線柱などが残されムード満点。スイッチバックの潮沢信号場跡で往時をしのぶのもいいだろう。2カ所のトンネルも通行可能で、れんが造りの内部に残るすすなどSLの痕跡も興味深い。

廃止年月日：1988年9月10日　距離：9.7km

天険越えに挑んだ
明治の遺構

北陸 北陸本線旧線（新潟県）

越中と越後との間を阻む親不知《おやしらず》は、北陸道最大の難所として古から旅人の行く手に立ちはだかってきた。1912（大正元）年10月、旧・親不知トンネルの完成によって北陸本線がこの地に延伸したのちも、たびたび災害に見舞われ、65（昭和40）年から翌年にかけて市振《いちぶり》～親不知間の線路付け替えが行われている。旧線跡はいまなお往時の姿をさらしているが、旧・親不知トンネルを中心としたおよそ2kmの周遊ルートが親不知コミュニティロードとして整備され、トンネル探訪などが楽しめる。遺構や痕跡が多く、思わぬ発見があるかもしれない。

廃止年月日：1965年9月30日　距離：約2km（親不知コミュニティロード）

沿線随一の絶景だった
杉津《すいづ》ルートを往く

北陸 北陸本線旧線（福井県）

親不知と並ぶ北陸本線の難所だったのが滋賀から福井に至る複数の峠越えであった。とりわけ、敦賀～南今庄間は幹線ながら25‰の急勾配や4カ所のスイッチバックを抱え、信号場が3カ所に設置されるなど険しい線形となっていた。この難所は1962（昭和37）年の北陸トンネル（1万3870m）開業によって解消されたが、この時に廃止となった旧線の遺構を各所に認めることが可能だ。旧線は県道207号となり、かつての隘路《あいろ》をたどりながら転用されたトンネルや信号場跡などの探訪が楽しめる。ただし、狭隘《きょうあい》な道路なため通行には十分な注意が必要。

廃止年月日：1962年6月10日　距離：26.4km

軍港・舞鶴港輸送を担った
短距離支線

関西 舞鶴線 中舞鶴支線

舞鶴線は、かつて舞鶴港に関連する３つの支線を抱えていた。このうち中舞鶴線は軍事輸送を主目的に旅客営業を兼ねていた盲腸線で、廃線跡が遊歩道などとして整備されるなど、往時をうかがいやすい路線のひとつ。途中の北吸《きたすい》隧道は国の登録有形文化財。中舞鶴駅跡は公園となり、C58形蒸気機関車が静態保存されている。なお、中舞鶴線は東舞鶴と中舞鶴を結んでいたが、舞鶴線との分岐が東舞鶴駅の構外西舞鶴方にあり、Y字のV部分をなぞるようにスイッチバックするユニークな経路でも知られていた（Vの右が東舞鶴、左が中舞鶴方面）。

廃止年月日：1972年11月1日　距離：3.4km

撮りテツ垂涎の
撮影ポイントも点在！

関西 高野山《こうやさん》森林鉄道

高野山森林鉄道は、その名のとおり高野山中に築かれていた軌間762mmの森林鉄道である。南海電鉄高野線・九度山《くどやま》〜極楽橋間沿いに延びていた幹線のほか、インクラインを含む複数の支線が路線網を広げ木材搬出などに活躍。1959（昭和34）年までに全線が姿を消したが、路盤跡の一部が「トロッコ道跡ハイキングコース」として整備され、気軽な廃線跡スポットとして親しまれている。コース上では丹生《にゅう》川橋梁や中古沢《なかこさわ》橋梁が間近に望め、列車撮影ポイントとしても人気。コース外にも遺構を認めることが可能だ。

廃止年月日：1959年　距離：約8km（トロッコ道跡ハイキングコース）

遊歩道以外の区間にも見どころが点在

関西

三《み》木《き》鉄道

三木鉄道は国鉄三木線を前身とする第三セクター鉄道で、2008 (平成 20) 年に廃止されている。02 (平成 14) 年に芝山鉄道 (2.2km) が開業するまでは最短の三セク鉄道としても知られていた。廃止後は跡地の一部が遊歩道「別所ゆめ街道」などとして整備されており、気軽に廃線跡散策を楽しめる。別所・石野両駅跡には駅やレールが保存されているほか、三木駅周辺は「三木鉄道記念公園」として往時の写真・資料の展示やサイクルトロッコの運行 (2025年4月 現在運休中) を実施。全線にわたる探索も可能で、築堤やレールの痕跡などが残る。

廃止年月日：2008年4月1日　距離：6.6km

廃線跡のうち4.8kmを遊歩道として整備。三木駅跡地は公園となりかつての様子を伝える

現役さながらの駅舎が
威風堂々と

山陰

大社《たいしゃ》線

大社線跡歩きの最大の見どころは終点の旧大社駅だ。国の重要文化財に指定されている純和風の木造平屋建ての駅舎やホームがほぼ完全に保存され、現役時代の面影を重厚に伝えている。大正風の駅舎からは、まさによき時代の鉄道の息吹が伝わってくるに違いない。大社線は、7.5kmの短距離路線ながら出雲大社への参詣路線として長距離列車の乗り入れなどでにぎわっていた歴史をもつ。JR西日本に継承されたのちに廃止されたものの、大社駅舎をはじめ、途中の2駅もホーム跡が現存。廃線跡をたどることも容易で、遺構を各所に認められるだろう。

廃止年月日：1990年4月1日　距離：7.5km

途中の出雲高松と荒茅を合わせた全駅が比較的良好な状態でその姿が残されている

時間が止まったかのような
鉄道風景が見られる

関西

鍛冶屋《かじや》線

鍛冶屋線は1913（大正2）年に播州《ばんしゅう》鉄道によって開業、起点の野村（現・西脇市）で加古川線と接続する盲腸線で、利用者は比較的多かったものの、国鉄からJR西日本に引き継がれたのち90（平成2）年に廃止されている。廃線跡は一般道と化した区間がある一方で遊歩道としての整備も進み、全体に歩きやすい環境となっている。鍛冶屋駅は廃止当時の駅舎を、市原駅は旧駅舎を復元し鍛冶屋線記念館として関連展示があるほか、鍛冶屋駅には現役時と同じ塗色のキハ30形も現存。羽安駅のホームや中村町駅跡の「あかね坂公園」など見どころが多い。

廃止年月日：1990年4月1日　距離：13.2km

近代産業の発展を支えた
産業路線

九州

三池《みいけ》炭鉱専用鉄道

三池炭鉱専用鉄道は三井三池炭鉱で採掘された石炭輸送などを支えた産業鉄道。三池港のほか国鉄との直通運転も実施されるなど、近代産業の発展とともに歩んできた路線だ。1878（明治11）年に馬車鉄道として開業し、一時は旅客営業もあったが、産業構造の推移とともに縮小。現在は旭線と呼ばれる1.8kmのみが残る。設備を含め痕跡に恵まれた廃線跡をもち、うち約1.5kmの区間は「旧三池炭鉱専用鉄道敷跡」として整備され、三池炭鉱などとともに世界文化遺産に登録。宮原抗跡と合わせた見学が可能で、ウォーキングイベントも開催される。

廃止年月日：1997年3月31日　距離：16.8km

美しい
アーチ橋群は必見！

九州

宮原線《みやのはる》

宮原線は久大本線の恵良《えら》～肥後小国《ひごおぐに》間を結ぶ非電化の盲腸線で、国鉄末期に第一次特定地方交通線としてその歴史に幕を閉じている。もとは瀬高で佐賀線と接続する構想の一部として1937（昭和12）年に開業、一時休止するなど利用がふるわないまま分割民営化を前にしての廃止であった。一部が遊歩道になるなど、路盤跡や駅跡などが各所に残り、探訪欲を誘うロケーションを持つ。7カ所に残る竹筋コンクリートアーチ橋は国の登録有形文化財に指定され、うち幸野川《こうのかわ》、北里の両橋梁は徒歩での探索ができるなど、廃線跡探訪のハイライトとなっている。

廃止年月日：1984年12月1日　距離：26.6km

上／ポツンとホームが残る北里。北里柴三郎博士の故郷として知られる　下／肥後小国駅は道の駅小国となった

ハイライトは
筑後川昇開橋

九州 佐賀線

佐賀線は、宮原線を介し豊後森に至る計画の一端として1931（昭和6）年に開業、一時は急行が運転されるなどにぎわいをみせていたものの延伸計画は進まず、分割民営化を前に廃止されている。大牟田方面と佐賀との短絡線のような線形で、廃線後は遺構が多かったものの次第に歴史に埋もれつつあるのが現状だ。最大の見どころは現存する日本最古の可動橋・筑後川昇開橋（国重文）で、廃線後は歩道橋に転用。また、路盤跡の一部は自転車専用道路や遊歩道となっているほか、南佐賀駅などで駅舎やホームが保存され往時の様子をしのばせている。

廃止年月日：1987年3月28日　距離：24.1km

南佐賀（写真上）ほか4駅でホームなどが残るほか、東佐賀を除く各駅に石碑が設置され往時がしのばれる

第3章

旅に出たい廃線スポット

日本中に存在する廃線跡。
廃線跡は、歩いたり、サイクリングで走ったり、
車やバイクでめぐれる場所や保存車両が見られる施設があるなど、
バリエーションは実にさまざま。
そんな廃線スポットをエリア別に見てみよう。

美しすぎる廃線たちを訪ね歩く

ギリシア建築のような壮麗な雰囲気を帯びる北防波堤ドーム

退廃的な美を持つ朽ちゆく橋梁やトンネル、
花咲く道に生まれ変わった線路跡……
列車が消えてなお人々を引き付ける
美しい廃線たちを写真とともに紹介しよう。

宗谷本線

稚内港北防波堤ドーム《わっかないこうきたぼうはていどーむ》

最果ての廃線跡に残る壮麗な巨大建造物

稚内港に隣接する日本最北の鉄道関連遺構。１９３６（昭和11）年竣工で、稚内港と稚内桟橋駅を結ぶ徒歩連絡通路の上屋と、稚内港湾の防波堤の両機能を併せ持つ構造体として設置された。設計は北海道庁の建築技師・土谷実。海岸に面した防波堤と屋根は一体化されており、４分の１の円弧を構成する。全長は約４２７ｍ、屋根部分を支える70本の円柱はギリシア建築を想起させるエンタシス風の形状で、最果ての風景と相まって独特な雰囲気を醸し出す。

昭和初期のコンクリート建築が良好に保存されており、建築遺産としての評価も高く、２００３（平成15）年には土木学会選奨土木遺産に指定された。本施設～稚内駅間には旧宗谷本線支線の廃線跡を整備した遊歩道もある。

DATA
路線廃止年：1945（昭和20）年
アクセス：稚内駅より徒歩5分

おすすめ時期：通年
気候のいい時期はもちろん、雪景色もおすすめ。

線路も復元され、往時の面影を残す。傾いた電柱や看板がなんともいえない風情を醸し出す

標津線で唯一現存する木造駅舎。
内部の見学も可能（春〜秋期のみ）

標津線

奥行臼駅跡

おくゆきうすえきあと

往年の道東ローカル駅の風情を色濃く残す

奥行臼駅は1989（平成元）年4月に廃止された標津線厚床支線の中間駅で、北海道東端部・野付郡別海町の拠点として機能していた。1933（昭和8）年12月の厚床支線開業時からある切妻屋根の木造駅舎のほか、便所、職員用詰所、旅客ホーム、貨物ホーム、駅名標、構内線路が廃線当時のまま残存。国鉄末期の道東のローカル駅の風情を今に伝える貴重な存在である。春〜秋期は駅舎内部も公開され、ラッチや出札窓口、待合室などが見られる。

駅の北側約200mには、明治期に地域の交通の拠点として設置された奥行臼駅の逓舎が残存。道内でも稀少となった現存駅逓逓舎として歴史遺産的な評価も高く、2011（平成23）年9月には国史跡に指定。駅舎跡と合わせて見学したい。

DATA
路線廃止年：1989（平成元）年
アクセス：厚床駅より根室交通バス「奥行」下車5分

おすすめ時期：春〜秋
冬季は積雪で散策が難しいため、春〜秋に訪れたい。

日中線

日中線記念自転車歩行者道《にっちゅうせんきねんじてんしゃほこうしゃどう》

遊歩道沿いにはかつて日中線を走っていたC11形機関車も保存されている

山小屋のようなかわいらしい旧熱塩駅舎。日中線記念館として整備されている

鉄道ファンに愛された盲腸線が地域に愛される桜の道に

カーテンのように満開のしだれ桜がたなびく遊歩道。この場所は、かつてはSLが走る小さな国鉄線の線路だった。

喜多方〜熱塩《あつしお》間、5駅11・6kmを結んだ国鉄日中線は、1938（昭和13）年8月に開業。山形県米沢まで延伸し、東北地方を縦断する路線として計画されたが結局叶わず、1984（昭和59）年4月に廃止となるまで線路が延びることはなかった。一日の列車本数も少ない盲腸線だったが、1970年代に国鉄での蒸気機関車の運行が次々と終了するなかで、本州で最後までC11形蒸気機関車が走った路線として鉄道ファンからの人気は高かった。

廃線後に線路跡の一部が遊歩道「旧日中線記念自転車歩行者道」として3kmにわたる区間に整備され、1000本のしだれ桜を植栽。今では春になると一帯がしだれ桜におおわれ、絵になる花見スポットとして注目されている。

遊歩道周辺には往時をしのぶ遺構も点在。日中線記念館は日中線の各種資料を保存・公開する施設で、日中線廃止から3年後の1987（昭和62）年に旧・熱塩駅舎を改修して開館した。木造駅舎は

遊歩道として生まれ変わった廃線跡。春にはしだれ桜がカーテンのようにたなびく

日中線開業時からのもの。外観は竣工当時としては珍しい和洋折衷スタイルで、現在も背の高い切妻屋根、建物中央部の吹き抜け一部石積みの外壁、円弧を描く車寄せ、モルタル材質の外壁などが竣工当時の形態で残されている。駅舎内部も木造のラッチ、出札窓口、駅事務室、待合室の木造ベンチ、木製の窓枠などが良好な状態で見られる。駅に面した片面ホームのほか、施設一帯には転車台跡、踏切などの鉄道施設も現存しており、昭和40年代の盲腸線終着駅の雰囲気が随所に感じられる。

また、記念館に展示されている除雪車や旧型客車のほか、遊歩道沿いには、かつて日中線を走っていたC11形蒸気機関車も静態保存されている。桜とSLのコラボレーション写真が撮れるスポットとして人気を集めている。

DATA
路線廃止年：1984（昭和59）年
アクセス：喜多方駅より徒歩5分

おすすめ時期：春
しだれ桜の開花時期は例年4月中旬〜下旬ころ。

信越本線

碓氷峠鉄道施設群《うすいとうげてつどうしせつぐん》

碓氷峠鉄道施設群のシンボルでもある「めがね橋」（碓氷第三橋梁）。山間に延びる煉瓦のアーチが美しい

トロッコ列車と徒歩で2つの廃線跡を楽しむ

1997（平成9）年10月に、北陸新幹線の開業にともない廃止されたJR信越本線の碓氷峠越え区間（横川〜軽井沢間／11・2㎞）には、各時代の鉄道施設が多数残存している。

碓氷峠一帯は急峻な山岳地帯が連続する峠越えの難所だった。敷設に際しては様々な整備方法・ルートが検討された結果、線路上に設置されたラックレールと、機関車の車軸に設置された歯車を咬み合わせながら推進力を得るアプト式の採用が決定。1893（明治26）年4月の開業当時は非電化だったが、輸送力増強を目的に1912（明治45）年に電化。1963（昭和38）年7月には粘着式運転に対応する新線が開業した。新線と旧線は当初併存していたが、1966（昭和41）年に新線複線化により旧線は廃止されている。

横川〜軽井沢の廃止から2年後の1999（平成11）年4月に旧横川運転区跡地に体験型鉄道テーマパーク「碓氷峠鉄道文化むら」が開園。同園では信越本線廃線跡（下り本線）を転用した園内アトラクションとして、トロッコ列車を運転する（ぶんかむら〜とうげのゆ間）。

遊歩道「アプトの道」ではトンネル内部も散策可能

トロッコ列車の停車ポイントでもある旧丸山変電所

2001（平成13）年には旧線区間の横川駅〜碓氷第三橋梁間の廃線跡を遊歩道として整備、「アプトの道」として供用を開始した（後に熊野平信号場まで延長）。区間内には明治中期竣工の10カ所のトンネルも含まれており、トンネル内部やポータルなどの造作も子細に見学できる（照明は18時消灯）。明治中期の煉瓦建築が良好な状態で保持されている四連のアーチ橋・碓氷第三橋梁は全長91m、川底からの高さは31mあり橋上からの眺望も良好。廃線跡に面して旧線電化時に設置された旧丸山変電所の遺構も残る。2棟の煉瓦造りの建築は産業遺産としての価値も高く、碓氷第三橋梁とともに国の重要文化財に指定されている。「アプトの道」の終点には旧線電化時に変電所が設置された旧熊野平駅（廃止時は信号場）の遺構が残存。跡地一帯には架線柱、線路、変電所、ホームが原型をとどめており、こちらも見逃せないポイント。

DATA
路線廃止年：1966（昭和41）年（旧線）
1997（平成9）年（新線）
アクセス：横川駅より徒歩5分

おすすめ時期：通年
煉瓦の建造物と四季折々の自然との調和が美しい。

上／鉱石の積出ホッパー跡が残る。生い茂る緑とあいまって退廃的な美しさを演出
下／駅施設が復元・整備されるとともに往時の雰囲気も再現されている

吾妻線（長野原線）

太子駅跡

おおしえきあと

鉄山の麓に延びるよみがえった産業路線跡

フォトジェニックな廃線スポットとして近年注目の国鉄長野原線（現・吾妻線）太子支線の太子駅跡。旧太子支線は、群馬鉄山の鉄鉱石を搬出するために開業した貨物専用線で、戦後に旅客輸送も行われたが１９７１（昭和46）年４月に廃線となる。

以降、旧太子駅敷地は児童公園に転用されていたが、平成に入ると鉄道施設の産業遺産的価値の再評価が進行。駅施設の復元が行われ、鉱石積み出しホッパーなど埋没していた遺構の発掘を経て、操業時代に近似した外観に修復。さらに駅舎、全長71mの旅客ホーム、駅名標、旅客線、貨物側線なども順次復元され、２０１６（平成28）年から一般公開されている。駅構内には大井川鐵道から譲受した有蓋車（ワフ２・ワフ３）が静態保存されている。

DATA
路線廃止年：1971（昭和46）年
アクセス：長野原草津口駅より六合地区路線バス「旧太子駅」下車

おすすめ時期：通年
ホッパー内は立ち入り禁止のため見学・撮影時は注意を。

左／赤レンガ倉庫のそばに遺る横浜港駅跡。
夜には屋根がライトアップされる
下／みなとみらいの風景に溶け込む汽車道。
明治時代に造られた3つのトラス橋も見どころ

横浜臨港線

汽車道・旧横浜港駅プラットホーム

きしゃみち・きゅうよこはまみなとえきぷらっとほーむ

みなとみらい地区を横断する廃線跡

汽車道は東海道本線貨物支線の横浜臨港線跡の一部を整備した全長約５００ｍの遊歩道。桜木町駅前広場～横浜赤レンガ倉庫間の短絡ルート上にあり、観光客の利用も多い。道中には明治時代築造の３つのトラス橋梁が残存。製造銘板やリベット痕も歩道上から視認可能なので、訪れた際には子細に見物しておきたい。路面にはレールのオブジェが埋め込まれており、廃線跡の雰囲気演出にも寄与している。

　汽車道に近接する赤レンガパークの敷地内にはかつての横浜臨港線の終着駅・横浜港駅の旅客ホームのプラットホームを復元。ホームに隣接してレールのオブジェを配置、さらに装飾が施された上屋支柱も修復され往年の国際航路連絡駅の華やぎを今に伝えている。

DATA
路線廃止年：1986（昭和61）年
アクセス：桜木町駅より徒歩3分

おすすめ時期：通年
日中はもちろん、みなとみらいの夜景を行く夜の散歩もおすすめ。

港沿いに延びる高架橋からはみなとみらいエリアの夜景が望める

山下臨港線

山下臨港線プロムナード《やましたりんこうせんぷろむなーど》

港町の発展を物語る 高架を活かした遊歩道

新港エリアと山下公園を結ぶ山下臨港線プロムナードは、その名の通り、かつて港町横浜を走った貨物線、山下臨港線の廃線跡を遊歩道として整備したもの。

東海道本線支線の山下臨港線（横浜港～山下埠頭間／２・１㎞）は、１９６５（昭和40）年7月に開業した貨物支線で、非電化路線ながらも横浜市中心部を横断することから、路線の大半は高架区間とされた。横浜港湾地区の貨物輸送の担い手としての機能を果たしていたが、トラック輸送の伸長により１９８６（昭和61）年に廃線となった。

廃線後の１９８９（平成元）年に開催された横浜博覧会の期間中には、旅客輸送が行われ、横浜博覧会臨港線と称されていた。博覧会終了後も線路跡はしばらく存置されていたが、景観整備にともない一部区間の線路は撤去された。

その一方、山下公園の西側区間については「汽車道」と接続する遊歩道として整備され、２００２（平成14）年3月に新港地区赤レンガ倉庫付近から山下公園西側を結ぶ全長約５００ｍの山下臨港線プロムナードとして開通。同時に、桜木町駅前広場から港の見える丘公園に至る

大さん橋から赤レンガ倉庫方面に延びる遊歩道。
左に見えるのは横浜税関・通称「クイーンの塔」

遊歩道下の「象の鼻パーク」からは高架橋がよく見える

観光ルート「開港の道」（全長約３・２㎞）に編入されている。

起点近くの新港一丁目〜海岸通一丁目に架かる新港橋梁は、新港埠頭〜横浜税関間の貨物支線が開業した１９１２（大正元）年竣工のトラス橋。産業遺産としての評価も高く、横浜市認定歴史建造物に認定されている。橋上路面にはレールのオブジェが設置され、かつてここに線路が敷かれていたことをしのばせる。

新港橋梁の東側からは高架区間が連続。路面はタイル張り、手すりも新設されるなど観光遊歩道としての体裁が整えられている。地上からは高架橋越しに港が見渡せ、遊歩道のウォーキングと合わせて高架橋ウォッチングも楽しみたい。山下公園南東側の山下埠頭入口の路上にも貨物線から分岐する引き込み線の線路跡が残る。

DATA
路線廃止年：1986（昭和61）年
アクセス：日本大通り駅より
徒歩7分

おすすめ時期：通年
潮風を浴びながらベイエリアの風景を堪能できる。

鉄道用のスノーシェッドを現在は自動車道路に転用。独特の造形美が美しい

付近には大正時代竣工のプラットトラス橋「飯豊川橋梁」も現存しており、あわせて訪れたい

日鉄鉱業赤谷鉱業所専用鉄道

東赤谷連続洞門

ひがしあかたにれんぞくどうもん

洋風回廊を想起させる造形美を堪能

1984（昭和59）年4月に廃止された日鉄鉱業赤谷鉱業所専用鉄道（東赤谷〜赤谷鉄山間）の線路跡地に連なる構造物で、昭和前期の鉄道施設の建築様式を今に伝える貴重な存在である。もともとは同鉄道のスノーシェッドとして建設されたが、鉄道廃止後に線路用地の一部が新潟県道335号に転用され、道路用施設として再活用されている。

かつては「東赤谷連続隧道」と称されていたが、掘削されたトンネルではないため、最近は「洞門」の呼称を用いるのが一般的。鉄道施設の転用のため洞門内は通常の道路トンネルより狭小（横幅4m未満）。そのため2つの洞門は常時片側通行とされ、ポータル付近に信号機が設置されている。洞門内部では曲線の壁面と支柱が織りなす造形美が堪能できる。

DATA
路線廃止年：1984（昭和59）年
アクセス：新発田駅より車で40分

おすすめ時期：春〜秋
冬季は積雪のため通行止めになるので事前に確認を。

左／1929（昭和4）年の開業当時から使われていた大谷隧道。このトンネルの先に駅跡がある
下／森の中に残された三河大草駅跡。苔むしたホームと手作りの看板がなんともいえない風情だ

豊橋鉄道田口線

三河大草駅跡

みかわおおくさえきあと

トンネルの先に現れる緑の中に生き残った廃駅

1968（昭和43）9月に廃線となった豊橋鉄道田口線（本長篠〜三河田口間）の中間駅・三河大草駅は、秘境的な風情がある廃駅として近年注目を集めている。石積みによる基礎の片面ホームとホーム対面の切り土のみが現存。元の駅名標などはすでに失われているが、ホーム端部（鳳来寺寄り）に好事家による手書きの駅名看板が設置されており、景観のアクセントとなっている。

駅に隣接する素掘りのトンネル・大谷隧道も見逃せない鉄道遺構である。自動車が通行可能な道路は接続しておらず、上大草集落（愛知県新城市）から廃線跡に沿って徒歩でアクセスする必要がある。なお、近隣の医王寺民俗資料館には三河大草駅の駅名標や時刻表を含む田口線関連の各種資料が保存・公開されている。

DATA
路線廃止年：1968（昭和43）年
アクセス：本長篠駅より車で10分

おすすめ時期：春〜夏
森の緑が冴える春〜夏が特におすすめ。

右／4号トンネル付近はもみじの巨木が映える愛岐トンネル群の絶景ハイライト
下／周囲にはもみじが生い茂り、秋には紅葉と煉瓦造りのトンネルが美しい景観を織りなす

中央本線

愛岐トンネル群

あいぎとんねるぐん

近年再評価が進む
明治時代の鉄道トンネル群

愛岐トンネル群は、中央西線高蔵寺〜多治見間の旧線に残存する13基のトンネルの総称で、明治時代中期の幹線トンネルの建築様式を伝える貴重な鉄道遺構である。

中央本線名古屋〜多治見間は１９００（明治33）年に開業、愛岐トンネル群もこの時に供用を開始した。だが、旧線廃止後は、トンネル群を含む廃線跡は長年放置され自然回帰が進んでいた。しかし、２００７（平成19）年以降、愛岐トンネル群保存再生委員会による調査・保存が進み、２００８（平成20）年からは一般公開が定期的に実施されている。廃線跡はレールこそ撤去されているがバラストは一部残され、往時の雰囲気を色濃く伝える。２０１６（平成28）年には２基のトンネルと笠石洞暗渠が登録有形文化財に指定された。

DATA
路線廃止年：1966（昭和41）年
アクセス：定光寺駅より徒歩5分

おすすめ時期：春・秋
見学は春と秋の一般公開時のみ。春は青もみじ、秋は紅葉が美しい。

左／橋の両端は自然に覆われている。ほか、沿線には第一・第二中津川橋梁の遺構も残存
下／橋としての役割を終えたのちも解体されず、往時の姿を残している。奥に架かるのが玉蔵大橋

北恵那鉄道

木曽川橋梁《きそがわきょうりょう》

自然の侵食を耐え抜く国内最古級の鉄道橋

旧北恵那鉄道の木曽川橋梁（中津町～恵那峡口間）は、同鉄道が開業した１９２４（大正13）年に竣工した鉄道遺構である。全長１３４ｍの５連鉄橋で、中央部に位置する１連がダブルワーレントラス、残る4連がプレートガーダーで構成される。中央部には１８８６（明治19）年にイギリスのパテント・シャフト社で製造されたことを示す刻印が施されており、現存する国内最古級の鉄道橋とされている。

当地に移設される前には、東海道本線天竜川橋梁（初代）に設置されていたものと推測されているが、明確な証拠は見つかっていない。廃線後も人道橋などに転用されることもなく、竣工当時の面影を今に伝える。木曽川の河原や付近の玉蔵大橋からは橋梁全景を一望できる。

DATA
路線廃止年：1978（昭和53）年
アクセス：中津川駅より北恵那交通バス「玉蔵橋」下車5分

おすすめ時期：通年
四季折々の木曽川の渓谷美とレトロな橋梁がマッチ。

春には桜が咲き誇り、付近の南禅寺や琵琶湖疏水とともに京都の人気花見スポットとなっている

インクラインの下にあるトンネル「ねじりまんぽ」。傾斜鉄道を支えるため内部は螺旋形上になっている

蹴上インクライン

けあげいんくらいん

線路を船が行き交った桜舞う廃線跡

蹴上インクラインは、琵琶湖疏水の蹴上船溜まり～南禅寺船溜まり間の船舶積載用の傾斜鉄道で、1891（明治24）年から1948（昭和23）年にかけて営業していた。区間内の36ｍに及ぶ高低差を克服するために、車両とワイヤーを接続して巻き上げるケーブルカー方式が国内で初採用された。

廃止から四半世紀を経た1973（昭和48）年にいったん線路が撤去されたのちに、施設遺構の保存が決定。1978（昭和53）年には軌間2540㎜の複線線路が復元されている。線路敷地は遊歩道として整備され、自由に歩行することが可能。敷地両側にはソメイヨシノが植栽されており、春先には花見スポットとしても人気を集めている。1996（平成8）年には国史跡に指定された。

DATA
路線廃止年：1948（昭和23）年
アクセス：蹴上駅より徒歩5分

おすすめ時期：春
やはり桜の季節である春がおすすめ。

線路跡こそ残っていないが、沿線には鉄道遺構が点在。煉瓦や石積みのトンネルや橋脚跡が見られる

大仏駅跡に設置された大佛鐵道記念公園。動輪のモニュメントが設置されている

大仏鉄道

大仏鉄道遺構群

だいぶつてつどういこうぐん

明治後期の遺構が連続する関西有数の廃線跡

大仏鉄道（通称）は関西鉄道（現在の関西本線の前身）が加茂～奈良間に敷設した全長9・9㎞の路線で、1899（明治32）年5月に全通。その後は名古屋～奈良～湊町（現・JR難波）の幹線ルートに組み込まれたが、線内に連続する勾配区間（最大25‰）がネックとなり、1907（明治40）年にこの区間が木津経由の新ルートに切り替えられ、当時としても異例の短命路線となった。

廃線跡は道路に転用された区間もあるが、今なお多くの鉄道遺構が沿線に残存。ガーダー橋の石積み橋台が残る観音寺橋台跡、赤橋跡（道路用橋梁に転用）、煉瓦積みの橋脚が残る佐保川橋脚跡、ポータルや内壁の煉瓦建築が現存する梶ヶ谷隧道など見どころが多く、いずれの遺構も間近に見学できるのも魅力だ。

DATA

路線廃止年：1907（明治40）年

アクセス：加茂～奈良駅間に遺構が点在

おすすめ時期：春

遺構をたどりながら加茂～奈良駅間を歩いて巡るのもお

福知山線廃線ウォークのハイライトの一つ、横溝尾トンネルの先にある第二武庫川橋梁

福知山線

福知山線廃線敷《ふくちやませんはいせんじき》

道中は武庫川の渓谷美が楽しめる。かつてはこの風景が車窓から眺められた

鉄道橋やトンネルを渡れるのも廃線散策のだいご味

ハイキングコースで旧線の車窓風景を体感

ＪＲ福知山廃線敷は１９８６（昭和61）年８月の福知山線生瀬～道場間の新線切り替えによって廃止された旧線（非電化）の廃線跡を転用して開設されたハイキングコースである。旧線は武庫川上流の渓谷に沿って敷設されており、関西有数の景勝区間に数えらえていた。廃線と同時に、旧線敷地はＪＲ西日本により立ち入り禁止とされていたが、渓谷美が楽しめるルートはその後ハイキング客を中心に自然発生的な人気を獲得。地元自治体（西宮市）や地域住民からも廃線跡開放を望む声が高まり、ＪＲ西日本も方針を転換。「事故発生時の責任は個人が負う」ことを条件に２０１６（平成28）年11月から旧線廃線跡を一般開放している。

全長約４・７㎞のコースの全区間が旧線路盤の転用によるもので、木製枕木、バラスト、鋼鉄製の柵、擁壁《ようへき》などの遺構が営業線時代のまま存置されている。コース内のハイライトは6カ所のトンネルで、いずれも福知山線の前身・阪鶴《はんかく》鉄道によって施工され、１８９９（明治32）年1月に供用を開始。生瀬側入り口に最も近い北山第一トンネル（全長

３１９ｍ）は石積みのトンネルポータルが良好な状態で保持されている。区間内最長となる全長４１３ｍの北山第二トンネルを抜けると、全長１４９ｍの溝滝尾トンネルに到着。トンネルにはカーブがあり、営業線時代は時速55㎞制限を受けていた。ポータル部分の煉瓦積みの造形が美しい全長３０７ｍの長尾山第一トンネル、トンネルアーチ部分が長手積み、トンネル側壁がイギリス積みと2種の煉瓦積み様式が混在する長尾山第二トンネル（全長１４９ｍ）など、じっくり見物したくなるトンネルが連続する。沿道風景のハイライトは１９５４（昭和29）年竣工のトラス橋・旧第二武庫川橋梁の橋上で、この一帯からは武庫川渓流が心行くまで堪能できる。なお、トンネル内には照明塔が設置されていないので、訪れる際には懐中電灯の携帯が必須。コース一帯は桜や紅葉の名所としても知られており、シーズン中には廃線跡とあわせて楽しめる。

DATA
路線廃止年：1986（昭和61）年
アクセス：武田尾駅より徒歩10分（武田尾側入口）、生瀬駅より徒歩15分（生瀬川入口）

おすすめ時期：通年
四季折々の渓谷の風景を楽しめる。桜や紅葉の名所としても人気。

レールを縫うように生える竹や樹木が幽玄な雰囲気を醸し出す

廃線ウォークの起点となる泰久寺駅跡。
ホームなどの遺構が残る

倉吉線

旧国鉄倉吉線廃線跡

きゅうこくてつくらよしせんはいせんあと

自然とレールが調和する不思議な風景が広がる

近年注目の廃線観光エリア

　1985(昭和60)年4月に廃止された倉吉線(倉吉～山守間/全長20・0㎞)の沿線地域には、現在も数多くの鉄道遺構が残存。山陰地方を代表する鉄道ヒストリカルエリアとして近年注目を集めている。

　倉吉線の廃線跡で特に人気が高いのが泰久寺《たいきゅうじ》駅跡から山守トンネルにかけての山間部区間で、この一帯には営業線時代から存置されるレールの間を縫って竹や樹木が自生するという稀有な光景が展開。特に竹藪周辺の区間の景観は風雅で幻想的な趣で、近年では一部旅行系メディアなどで「日本一美しい廃線跡」と称されている。倉吉市も廃線観光に力を入れており、12月～2月を除く金～日曜・祝日、ゴールデンウィークは泰久寺駅跡近くの松河原集落に「旧国鉄倉吉線廃線跡観光案内所」が開設される。泰久寺駅跡にはかつてのホームも残されており、こちらも見逃せない。

　同区間のほかにも、旧倉吉線の倉吉～上灘間は「やつや倉吉線思い出公園」として整備され、廃線跡の路盤に加え、天神川に架橋されたガーダー橋も残存。近年橋梁は再整備され自由歩行が可能となった。上灘～打吹《うつぶき》間の廃線跡も歩行者・自転車専用の遊歩道「緑の彫刻プロムナード」になっている。旧打吹駅跡地には倉吉線鉄道記念館もあり、蒸気機関車C11形75号機や貨物用入換機が静態保存されるほか、倉吉線に関する資料や写真を多数展示。国鉄時代の打吹と関金《せきがね》の復刻駅スタンプも押印できる。西倉吉駅跡にも当時のホームの一部とレールが残されており、ここから上《かみ》小鴨《おがも》駅跡までの廃線跡は「花と緑のふれあいロード」として桜並木のサイクリングロードが続く。

　泰久寺～山守間の山守トンネル(全長107m)は倉吉線唯一のトンネルで、現在も廃止当時のままの状態で残されている。通常は非公開だが、先述の観光案内所が主催する廃線跡トレッキングツアー(有料)に参加すれば、トンネル内を散策することができる。

DATA
路線廃止年：1985(昭和60)年
アクセス：倉吉駅より日本交通バス「泰久寺」下車10分(泰久寺駅跡)

おすすめ時期：春～秋
泰久寺駅～山守トンネル間は積雪等のため冬季は閉鎖される。

廃線前から宇都井駅ではイルミネーションイベントを開催。いまも年に一度夜空の駅に明かりが灯される

山間にたたずむ「天空の駅」。現在は鉄道公園として公開されている

三江線

宇都井駅跡

うづいえきあと

地元の願いと努力で往時の姿を未来に残す

２０１８(平成30)年４月に廃止された三江線(三次～江津間)の中間駅・宇津井駅は、山間部にありながらホーム高度が地上20ｍという特異なロケーションから、「天空の駅」として親しまれていた。

沿線有志の手によって、路線廃止後も地域を活性化すべく三江線の廃線跡ではトロッコ列車の運行を中心にさまざまなイベントや保存活動を展開。２０１９(令和元)年７月には地元自治体・邑南《おおなん》町がＪＲ西日本から旧駅施設を無償で譲受され、２０２１(令和３)年４月に口羽・宇都井両駅周辺が「邑南町三江線鉄道公園」としてオープン。駅舎、ホーム、駅周辺線路がそのまま維持されている。現在、宇津井駅は常時公開されており、山間に堂々とそびえる、往時と変わらぬ姿を望むことができる。

DATA
路線廃止年：2018（平成30）年
アクセス：三次駅より車50分

おすすめ時期：通年
周囲は里山風景が広がる。イルミネーションは例年11月に開催。

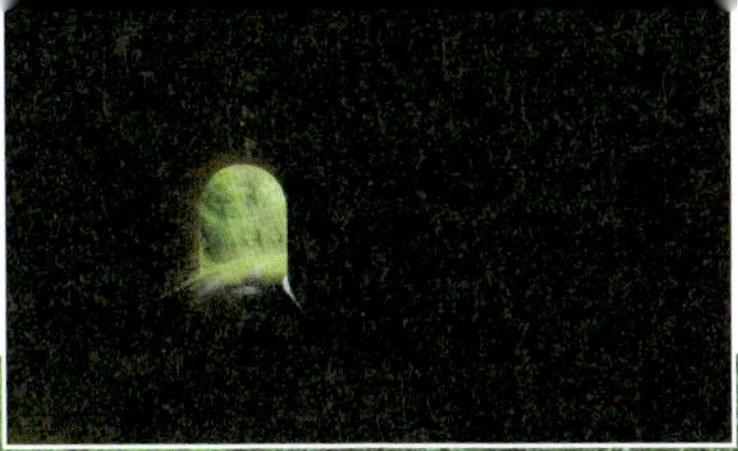

トンネル内部は明かりがなく真っ暗。散策時には要注意

山間にポツンと残された鉄道遺構。石と煉瓦の趣あるたたずまいを保っている

船木鉄道

大棚トンネル

おおたなとんねる

山間部に残る大正時代の小規模隧道

大正～昭和中期にかけて営業していた船木鉄道の大棚トンネル（大棚～吉部間）は、大正末期の鉄道トンネル建築様式を今に伝える。

船木鉄道は山口県の宇部地方の地域輸送を目的に設立された私鉄。小刻みな延伸を重ね1926（大正15）年には吉部に達するが、戦時中に万倉～吉部間が休止。1961（昭和36）年10月に休止区間を含む全区間が廃止された。

多くの痕跡が年々失われていくなか、大棚トンネルは宇部市による修復・保存が実施され、近年では地域を代表する鉄道遺産に位置づけられている。内部は下部が石積み、上部が煉瓦造りで、煉瓦を組み合わせたアーチ状のポータルとともに良好な状態を保持している。全長は37m、トンネル内は照明塔が未設置。

DATA
路線廃止年：1961（昭和36）年
アクセス：厚東駅より車15分

おすすめ時期：通年
夏は緑に覆われ、冬は雪化粧した姿が見られることも。

右／遊歩道の起点となる北里駅跡。プラットホームの遺構が残る
下／山間に架かるコンクリート製のアーチ橋梁が景観のアクセントとなっている

宮原線

旧国鉄宮原線アーチ橋群

きゅうこくてつみやのはるせんあーちきょうぐん

山村風景に溶け込んだ昭和初期のアーチ橋群

　１９８４(昭和59)12月に廃線となった宮原線(恵良～肥後小国間)の沿線には、現在でも多数の鉄道遺構が残存。特に昭和初期に竣工した廣平、菅迫、堀田、汐井、堂山、北里、幸野川の7つの橋梁は、どれも周囲の山村風景と溶け込み美しい景観を成している。産業遺産としての価値も高く、２００４(平成16)年2月には登録有形文化財に登録されている。

　橋脚に透かし孔がある幸野川橋梁は、現存橋梁としては珍しい竹筋コンクリートとされ一見の価値がある。北里～肥後小国(道の駅小国ゆうステーション)間の廃線跡に整備された遊歩道のルート上には、北里トンネル、町道の跨道橋、幸野川橋梁、宮原トンネルなどの鉄道施設が連続。いずれも歩行可能で路盤も良好な状態で保持されている。

DATA
路線廃止年：1984(昭和59)年
アクセス：引治駅より車20分

おすすめ時期：通年
季節に応じて周囲の自然とさまざまな景観を織りなす。

左／上千々石、木津の浜、富津、肥前小浜の駅跡地には、石製の駅名標モニュメントが設置される
下／実際にトンネルがあるわけではなく、廃線跡の切通しに茂る緑がトンネルのように頭上を覆う

小浜鉄道

緑のトンネル

みどりのとんねる

建設時の難工事が偲ばれる県道転用の廃線跡

　小浜鉄道は九州有数の温泉地・小浜温泉の湯治客輸送を目的に敷設された地方私鉄で、１９２７(昭和２)年３月に千々石～肥前小浜(のちの雲仙小浜)間が開業。１９３３(昭和８)年７月に雲仙鉄道と改称、同年10月には温泉鉄道(愛野村～千々石間)を吸収合併するが、黒字化が見込めず開業からわずか11年後の１９３８(昭和13)年８月に廃止された。

　廃線跡の大部分は道路に転用、地元では「汽車道」と称されている。富津～肥前小浜間にある通称「緑のトンネル」は、切通しの区間の両側に生い茂る木々によって形成された自然の造形美。小浜温泉の温泉街に立地する「小浜歴史資料館」では、小浜鉄道に関する各種資料、設備、部品などを公開。廃線跡と合わせて訪れたい。

DATA
路線廃止年：1938(昭和13)年
アクセス：愛野駅より車30分

おすすめ時期：春～夏
自然が織りなす緑のトンネル。草木が茂る季節に訪れたい。

旅に出たい 廃線スポット

エリア別

動く列車の姿こそ失われてしまったが、
廃線跡には“それでも訪れてみたい”と、
誘ってくれるモノとムードがあふれている。
廃線跡の現況と、見どころスポットを
エリア別に紹介する。

保 保存車両が見られる施設や駅跡がある
車 廃線跡を車でたどれる
バ 廃線跡をバイクでたどれる
サ サイクリングで廃線跡を走れる
歩 廃線跡を歩ける

北海道

別海《べっかい》町営簡易軌道の
車両も保存

標津《しべつ》線

歩 バ 車 保

標津線の廃線跡は地元有志によって保存・整備が進められ、鉄橋に足場を設置して実際に渡れるようにしたり、全線を歩くツアーが開催されたりしている。奥行臼《おくゆきうす》駅跡には駅舎やホーム、線路までが当時のままに残され、別海《べっかい》町営簡易軌道の車両も保存されている。

廃止年月日：1989年4月30日
区間・距離：標茶（しべちゃ）～
根室標津間69.4㎞、
中標津～厚床（あっとこ）間47.5㎞

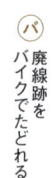

三笠鉄道村として SLを動態保存 | 幌《ほろ》内《ない》線

バ 車 保

廃線跡は三笠鉄道村として、幌内駅跡に三笠鉄道記念館、三笠駅跡にクロフォード公園がそれぞれ整備されている。記念館の敷地内では室蘭市の鐵原《てつげん》コークスで使われたS–304号SLが動態保存。クロフォード公園にもDD51形などが残り、トロッコ列車も運行される。

廃止年月日：1987年7月13日
区間・距離：岩見沢〜幾春別（いくしゅんべつ）間18.1km、三笠〜幌内間2.7km

いくつもの駅跡に 線路などが残る | 深《しん》名《めい》線

バ 車

幌加内《ほろかない》、朱鞠内《しゅまりない》など途中駅の一部には線路や駅名標などが残され、当時の面影をいまに伝えている。沼牛《ぬまうし》駅舎は倉庫として使われていたが、地元・幌加内の町民らが現役時代の姿を復元する「おかえり沼牛駅」運動に取り組み、2016年に当時の姿がよみがえった。

廃止年月日：1995年9月4日
区間・距離：深川〜名寄間121.8km

東北

シンボルだった レールバスが健在　南《なん》部《ぶ》縦《じゅう》貫《かん》鉄道

歩 バ 車 保

七戸《しちのへ》駅跡にはホームや線路が残り、南部縦貫鉄道のシンボルともいえる生え抜きのレールバス・キハ101とキハ102、国鉄から譲受したキハ10系のキハ104、DB11ディーゼル機関車の計4両が動態保存。走行撮影会や体験乗車などのイベントも開催されている。

廃止年月日：2002年8月1日
区間・距離：野辺地（のへじ）～七戸間20.9km

旧検修庫は「くりでんミュージアム」　くりはら田《でん》園《えん》鉄道

歩 バ 車 保

栗原電鉄時代の名残だった架線柱は撤去されたものの、線路のほとんどは残されている。若柳駅跡は栗原市が「くりはら田園鉄道公園」として整備し、約500mの区間でKD95・KD11気動車による動態保存を実施。旧検修庫は「くりでんミュージアム」となった。

廃止年月日：2007年4月1日
区間・距離：石越（いしこし）～細倉マインパーク前間25.7km

キハ22形が
国鉄時代の塗色に復元

下《しも》北《きた》交通大《おお》畑《はた》線

歩 バ 車 保

車両基地が置かれた大畑駅跡の車庫や線路を活用して、キハ85系(旧・国鉄キハ22形) 2両、10tディーゼル動車、ヨ8000形車掌車の動態保存が行われている。このうちキハ22-150は国鉄時代のオレンジとクリーム塗色が復元され、懐かしい雰囲気を醸し出している。

廃止年月日:2001年4月1日
区間・距離:下北〜大畑間18.0km

石造りの駅舎や
電気機関車を保存

山形交通高《たか》畠《はた》線

歩 サ 保

廃線跡はサイクリングロード「まほろば緑道」として整備され、レンタサイクルでたどれる。昭和初期に地元産の高畠(瓜割《うりわり》)石で造られた重厚な旧高畠駅舎は国の登録有形文化財。ホーム跡にはED 1電気機関車、ワム201貨車、モハ1電車が静態保存されている。

廃止年月日:1974年11月18日
区間・距離:糠ノ目(ぬかのめ)(現・高畠)〜二井宿(にいじゅく)間10.6km

「鉄道文化むら」と
「アプトの道」に

歩 バ 車 保

信越本線（碓氷《うすい》線）

横川運転区跡が「碓氷峠鉄道文化むら」として整備され、1987年の廃止区間の一部ではEF63形電気機関車の体験運転やトロッコ列車の運行がなされている。63年の廃止区間約6㎞は「アプトの道」遊歩道となり、トンネル内やれんがの「めがね橋」上も歩くことができる。

廃止年月日：1997年10月1日
区間・距離：横川～軽井沢間11.2㎞

あちこちで見つかる
再利用の枕木

下《しも》河《が》原《わら》線

歩 サ

　廃線跡の大部分は府中市によって「下河原緑道」遊歩道として整備。途中の下河原線広場公園には路面に埋め込まれているものの、一部の線路も残されている。「旧下河原線跡」の案内板の支柱やベンチ、植込みの仕切りなどにも、当時の枕木が再利用されている。

廃止年月日：1976年9月20日
区間・距離：国分寺〜東京競馬場前間5.6km、北府中〜下河原間3.8km

架道橋やトンネルが
通行可能に

歩

東急東横線旧線

　東京メトロ副都心線、みなとみらい線乗り入れによって一部地下化された区間のうち、東白楽《ひがしはくらく》〜横浜間の地上線跡は、「東横フラワー緑道」という遊歩道になった。全通は2011年4月。旧反町《たんまち》駅近くの国道1号を渡る架道橋や、高島山トンネルは整備のうえ、残された。

廃止年月日：2004年1月31日
区間・距離：東白楽〜横浜間2.0km

復元された旧太子駅とホッパー　吾《あが》妻《つま》線太《おお》子《し》支線

歩　バ　車

　現在の吾妻線長野原草津口駅西側に、廃線跡最大の遺構である白砂《しらすな》川橋梁の橋桁と橋脚がほぼそのままの姿を留める。途中には複数のトンネルが残り、２カ所は生活道路となって通行も可能だ。2018年４月には太子駅舎やホーム、ホッパーが復元・公開されている。

廃止年月日：1971年5月1日
区間・距離：長野原（現・長野原草津口）～太子間5.8km

れんが倉庫も望める人気の「汽車道」　横浜臨港線

歩

　廃線後に遊歩道化が決まり、公募によって「汽車道《きしゃみち》」と名付けられて1997年に供用が開始された。港一・二号橋梁はアメリカン・ブリッジ社、三号橋梁は川崎造船所（現・川崎重工業）が1907年に製造した。複線だった区間は道幅が広く、のびやかな雰囲気が漂う。

廃止年月日：1986年11月1日
区間・距離：高島～山下埠頭（やましたふとう）間6.3km

五十岡駅ホーム跡が
公園として整備

静岡鉄道駿《すん》遠《えん》線

サ

「日本一長い軽便鉄道」の廃線跡のうち、大井川以西の区間は整備が行き届いた静岡御前崎《おまえざき》自転車道の一部として、サイクリストの評価が高い。とくに美しいれんが積みアーチが残る小堤山《こづつみやま》隧道は人気だ。袋井市の五十岡《いごおか》駅ホーム跡は、公園として整備されている。

廃止年月日：1970年8月1日
区間・距離：大手～新袋井間64.6km

再生に向けて
当時の姿のままに保存

名鉄三《み》河《かわ》線（山線）

歩 バ 車

矢作《やはぎ》川橋梁や西中金《にしなかがね》駅舎など、多くの施設がほぼ手つかずのまま残されている。地元の人たちが、サイクリングロードや遊歩道としての再生を求めて「でんしゃみち整備計画」を進めているためだ。西中金駅舎は喫茶店「西中金ふれあいステーション」として再利用されている。

廃止年月日：2004年4月1日
区間・距離：西中金～猿投（さなげ）間8.6km

軌道自転車を使った「のトロ」運行 のと鉄道能《の》登《と》線

バ 車

穴水《あなみず》駅付近や珠洲《すず》・蛸島《たこじま》駅跡など、一部の廃線跡には現在も線路が残されている。また、恋路駅跡と宗源《そうげん》トンネルを含む300mほどの区間に、トンネルを酒蔵に再利用する酒造会社が線路を敷き直し、軌道自転車「のトロ（奥のとトロッコ鉄道）」（予約制）を運行している。

廃止年月日：2005年4月1日
区間・距離：穴水〜蛸島間61.0km

現役時代をしのばせるトラスやガーダー 北《きた》恵《え》那《な》鉄道

歩 バ 車

整備はなされていないものの、路盤などは比較的良好な状態で保たれているところも多い。木曽川橋梁のトラスや第二中津川・上地《うえじ》橋梁などのガーダー（橋桁）も、線路こそ失われたものの現役時代の姿を留めている。田瀬《たせ》・稲荷橋《いなりばし》駅跡には、ホームの石積みが残る。

廃止年月日：1978年9月18日
区間・距離：中津町〜下付知（しもつけち）間22.6km

ほとんどが残った
線路や枕木、警報機

歩

紀《き》州《しゅう》鉄道

1989 年の末端区間廃止で、一時「日本一短い私鉄」となった。廃線跡は踏切部分がアスファルトに覆われた以外は、ほとんどの区間で線路や枕木もそのまま。警報機も残る。終点だった日高川駅跡のホームも草が茂っているものの、当時の雰囲気をいまに伝えている。

廃止年月日：1989年4月1日
区間・距離：西御坊（にしごぼう）～日高川間0.7㎞

「赤いクレパス号」なども
保存・整備

歩 サ 保

下《しも》津《つ》井《い》電鉄

児島～下津井間の廃線跡は1972年に廃止された茶屋町～児島間とともに、自転車道として整備されている。琴海《きんかい》駅跡などにはホームも残る。下津井駅跡には「赤いクレパス号」「メリーベル号」など複数の車両が留置され、地元の保存会の手により、整備がなされている。

廃止年月日：1991年1月1日
区間・距離：児島～下津井間6.3㎞

「柵原ふれあい鉱山公園」で展示運転

片《かた》上《かみ》鉄道

歩 サ 保

廃線跡は「片鉄ロマン街道」の愛称で自転車道となり、交換駅だった天瀬《あませ》駅舎が改修されている。吉ケ原《きちがはら》駅跡は「柵原《やなはら》ふれあい鉱山公園」として整備され、車両の静態保存や柵原鉱山関連資料などを展示。事前申し込みで坑道農業の見学可能だ。なお、気動車の展示運行は2025年3月現在休止中。

廃止年月日：1991年7月1日
区間・距離：片上～柵原間33.8㎞

公園に駅名標や線路を移設・復元

宇《う》品《じな》線

歩 サ バ 車

ほとんどの区間が道路や空き地と化し、遺構は残されていない。ただし、南段原駅跡近くの公園が「宇品線公園」として整備され、駅名標や線路などが移設・復元されて当時の面影をしのばせている。丹那駅跡付近などにも「鉄道伝説ゆかりの地」モニュメントがある。

廃止年月日：1986年10月1日
区間・距離：広島～宇品間5.9㎞

旧新山駅舎が
鉄道記念館として整備

歩 サ 保

井《い》笠《かさ》鉄道

廃線跡に沿って井《い》原《ばら》鉄道井原線が建設されたため、遺構はほとんど残っていないが、旧新山《にいやま》駅舎が笠岡市井笠鉄道記念館として整備されている。構内跡にはドイツ・コッペル社が1913年に製造した1号蒸気機関車と、ホハ1木造客車、ホワフ1木造貨車が保存されている。

廃止年月日：1971年4月1日
区間・距離：井原～笠岡間19.4㎞

ガソリン動車にちなむ
「ガソリン道」

歩 サ

塩江《しおのえ》温泉鉄道

仏生山《ぶっしょうざん》駅から川東《かわひがし》駅跡付近までは一般道となり、当時運行されていたガソリン動車にちなんで「ガソリン道《みち》」と呼ばれる。その先、塩江駅跡までの廃線跡は自転車道になった。岩部・枷羅土《からと》などのトンネル群や、香東川を渡った橋梁の橋台なども数多く残されている。

廃止年月日：1941年5月10日
区間・距離：仏生山～塩江間16.2㎞

マイントピア別子で
トロッコ運行

歩 サ 保

住《すみ》友《とも》別《べっ》子《し》鉱山鉄道

平野部を走った下部鉄道と、明治期には山間部に上部鉄道もあった。下部鉄道跡には1919年に完成した四通橋《よんつうきょう》やトンネル群が残る。廃線跡の一部はマイントピア別子の観光鉄道として、トロッコ列車が走る。機関車は別子鉱山記念館保存の準鉄道記念物・別子1号蒸気機関車を模したものだ。

廃止年月日：1977年2月1日
区間・距離：惣開（そうびらき）～端出場（はでば）間9.9㎞（下部鉄道）

九州

樋脇駅舎はバス待合所、ホームが公園に

宮《みや》之《の》城《じょう》線

歩　バ　車

廃線跡のほとんどは一般道に姿を変えているが、ごく一部に線路や信号機、キロポストの残る区間がある。宮之城お樋脇《ひわき》駅跡は鉄道記念館となり、駅舎もバスの待合所として使われている。対向式のホームと双方の線路、構内踏切の警報機や遮断機などが残る。

廃止年月日：1987年1月10日
区間・距離：川内（せんだい）～薩摩大口間66.1km

築堤など多くが一般道として通行可

大《おお》隅《すみ》線

バ　車　保

トンネルは閉鎖されているものの、築堤など多くの区間は一般道として再利用されている。また、鹿屋《かのや》駅跡は鹿屋市鉄道記念館として整備され、キハ20形や保線用モーターカーを保存。ほかの駅の駅名標も多数、移設されている。古江《ふるえ》駅跡も公園化された。

廃止年月日：1987年3月14日
区間・距離：志布志（しぶし）～国分（こくぶ）間98.3km

ブックデザイン　斉藤祐紀子、大久保敏幸

編集　近江秀佳

本書は、株式会社天夢人が2021年10月19日に刊行した旅鉄BOOKS019『廃線探訪入門』と
『旅と鉄道』2023年7月号を再編集したものです。

旅鉄BOOKS PLUS 017

廃線めぐり旅

2025年4月20日　初版第1刷発行

編　者　旅鉄BOOKS編集部
発行人　山手章弘
発　行　イカロス出版株式会社
〒101-0051 東京都千代田区神田神保町1-105
contact@ikaros.jp（内容に関するお問合せ）
sales@ikaros.co.jp（乱丁・落丁・書店・取次様からのお問合せ）
印刷・製本　株式会社シナノパブリッシングプレス

ISBN978-4-8022-1591-6